Ecosocial Approach to Food Security

먹거리 안전의 생태사회학

한상진 지음

UUP

먹거리 안전의 생태사회학

- 2021년 01월 25일 **초판 인쇄**
- 2021년 01월 31일 **초판 발행**
- **지은이** 한상진
- **펴낸이** 오연천
- **펴낸곳** **UUP**(울산대학교출판부) 680-749 울산광역시 남구 대학로 93(무거동) 울산대학교 출판부
- 전화 (052)259-2488 팩스 (052)277-3011 ▪ **홈페이지** http://uup.ulsan.ac.kr
- **출판등록** 제370-1996-000001호(1996.3.13)
- ₩ 11,000

본 도서는 (재)오뚜기함태호재단의 출판지원사업의 지원을 받아 출판되었습니다.

이 도서의 국립중앙도서관 출판도서목록(CIP)은,
e-CIP 홈페이지(http://www.nl.go.kr/ecip)에서 이용하실 수 있습니다.

ISBN 978.89.7868.983.0 (93330)

머 리 글

우리는 매일같이 먹는다. 먹는 행위는 햇빛, 지구의 진화, 다른 사람의 수고, 나아가 우리 몸이 만들게 될 배설물에까지 직결된다. 럼(Lumb, 2014: xi)에 의하면, 식사는 삶과 친교를 만드는 우주, 지구, 사람(그리고 생명체)의 절정이다. 「오래된 미래」의 저자 호지는 '먹는 일'이야말로 사회관계와 인간과 자연의 관계를 이어주는 중요한 고리라고 말한다. 이렇듯 식품을 어떻게 만들고 먹는가의 문제는 우리가 스스로와 타인, 그리고 지구를 어떻게 잘 사랑하는가를 평가하는 가장 좋은 바로미터이다. 음식 앞에서 우리는 그야말로 삶을 어떻게 살고 사회를 어떻게 조직하는가의 문제와 직면하게 된다.

우리는 개인적, 사회적 웰빙(well-being)을 원한다. 웰빙은 참살이로 번역되곤 하지만, 간단히 말해 '잘 먹고 잘살기'를 의미한다. 잘 먹고 잘 살기 위해서는 개인이나 사회나 최소한의 경제적 여유가 필요하다. 더욱이 잘 먹고 잘 살기의 하부구조가 '안전하고 건강한 먹거리'에 있다는 사실은 명약관화하다. 기후위기, 생태계 악화 등에 따른 먹거리 불안은 모든 사람들의 웰빙을 침해하며, 특히 빈곤층에게는 폭력적인 생존 위기를 경험시킬 수 있다. 따라서 '먹거리 안전(food security)'의 쟁점은 보편적 복지와 '차별의 극복'이라는 사회 정의와 관련될 뿐 아니라, 동식물의 웰빙까지 포함하는 회복력(resilience) 있는 지구 생태계의 확보라는 생태정의와도 관련되는 복합적이고 중차대한 현안이다.

안전한 먹거리는 왜 '인간-동물-생태계 순환사회'를 궁극적으로 필요로 하는가? 그것은 먹거리가 에너지, 주거 등과 함께 생태계와 사회체계를 연계하는 주요 변수인 데다가, 회복력 있는 지역사회에서의 자족적 살림살이가 현재 4차 산업혁명이 몰고 오고 있는 일자리 부족의 대안이 될 수도 있기 때문이다. 필자는 이 책을 집필하기 시작할 때 먹거리 안전의 문제를 회복력 있는 먹거리 체계 및 먹거리 정의(food justice)와 관련하여 논구하기 시작했다. 하지만 코로나19 사태가 한 해 동안 지속되면서 집필 말기에는 안전한 먹거리를 확보하려면 성장 일변도의 현 사회와 재난적 위기 상황인 현재 생태계로부터의 생태사회적 전환(ecosocial transition)이 필수적임을 깨닫게 되었다. 그리하여 먹거리 안전에 대한 사회학적 탐구는 탈성장 지향의 생태사회적 건강에 대한 문제제기로까지 확대되었다.

우리말의 '식구(食口)'는 가족을 의미한다. 먹거리를 입에 넣는 행위는 개개인의 생존을 위한 바탕일 뿐 아니라, 함께 식사하는 가족은 물론이고 그 음식물을 생산, 가공, 유통한 농어민, 식품회사, 마트 등과 이어지게 만드는 매개이다. 나아가 한 끼 음식은 태양과 땅의 수고, 동물의 희생 등이 담겨 있는 동식물 먹이사슬의 한 고리이다. 그렇기에 우리의 식구는 지구상에 존재하는 모든 생명체 식구와도 연결되어 있다. 그러나 이러한 먹이사슬은 산업혁명 이후 시장경제의 성장을 위한 인간 사회의 시스템화에 의해 위협받아 왔다. 이른바 '인류세(anthropocene)'[1])라는 새로운 지질시대는 자연에 묻혀 있던 화석연료를 새로운 에너지원으로 개발하여 농촌 중심의 지구를 도시화, 근대화시켰다. 먹거리 또한 화학비료, 화학조미료 등에 의존하게 됨에 따라, 인간 건강에 피해를 주는 먹거리 불안을 가중시켜 왔다.

인간 소비를 위한 작물과 가축의 생산은 사회와 생태계 간 연계를 압축적으로 보여준다. 이 책은 먹거리 안전에 대한 생태사회학의 관점과 접근들을 소개하고 있다. 이를 통해 우리의 식생활이 자연생태계와 인간사회의 존속을 어떻게 씨실과 날실처럼 구조화하는가를 다룬다. 이 책의 요점을 미리 말하자면, 그것은 먹거리 안전의 이슈를 기후재난 상황 아래에서의 분배, 절차, 승인을 둘러싼 먹거리 정의의 지평으로 확장함으로써, 생태위기는 물론이고 제4차 산업혁명이 결과하고 있는 인간노동의 축소에도 대응할 필요가 있다는 주장이다. 사회문제를 생태계와의 관계에서 이해하는 생태사회학의 전망 아래서, 먹거리 안전과 먹거리 순환사회에 대한 전망을 둘러싸고 이 책이 강조하는 것은 다음 세 가지이다.

첫째 기후재난과 코로나19와 같은 감염병의 장기화 속에서 '지속가능한 먹거리'라는 기존의 지속가능발전(Sustainable Develop ment; 이하 SD)모델에 입각한 먹거리 안전 전략은 더 이상 유효하지 못하다. 왜냐하면 SD 모델은 먹거리 안전이라는 질적 차원을 간과한 먹거리의 양적 충족만을 목표로 하는 '식량 증

---

1) 인류세란 네덜란드 화학자인 크뤼천(Crutzen)이 2000년에 처음 제안한 용어로서, 새로운 지질시대 개념이다. 인류의 자연환경 파괴로 인해 지구의 환경체계는 급격하게 변화하게 되었고 그로 인해 인류가 지구환경과 맞서 싸우게 된 시대를 뜻한다. 네이버 지식백과(http://terms.naver.com) 참조.

산'의 이미지만 전달할 뿐, 안전한 먹거리가 사회-생태계(Social- Ecological Systems; 이하 SESs)의 회복력과 연결되어 있다는 사실을 놓치고 있기 때문이다.

둘째 지구적, 국가적, 지방적 먹거리 안전의 실천도구로서 분배적, 절차적, 승인적 먹거리 정의가 확보되어야 한다. 그동안 환경정의(environmental justice)의 문제는 에너지 정의, 기후 정의 등 다양한 생태사회적 영역에 적용되어 왔다. 먹거리 정의는 우리 사회에서 상대적으로 낯선 용어지만, 생산-유통-소비에서의 공평한 분배, 안전한 식생활을 위한 국가-지방자치단체(이하 지자체)수준에서의 숙의적(熟議的) 의사결정, 미래세대 및 동식물 안전까지 고려하는 생태계 인정(認定)의 문제 등을 포괄함으로써 '먹거리 안전'과 관련한 의미 있는 분석 틀을 제공할 수 있다.

셋째 성장에 중독된 시장제도와 기후위기에 대처하는 먹거리 안전의 중장기 대안으로, 먹거리를 둘러싼 순환 시스템 만들기에 의거하는 먹거리 체계의 회복력 구축을 제안한다. 이는 이미 '원 헬스 푸드 플랜'(one health food plan)이라는 구체적 정책 대안으로 제시되어 있기도 하다(백혜숙, 2020). 이 때 '원 헬스'는 "사람, 동물, 생태계 사이의 연계를 통해 모두에게 최적의 건강을 제공하기 위한 다학제적 접근을 의미"한다. 이 개념은 도시와 농촌 간 '사람-물자-정보'가 오고가는 과정을 통해 생태적 순환경제가 싹트게 하여, '사람-동물-생태계'를 하나로 연결하는 건강 고리를 제안하고 있다.

사람이 건강하려면 동물과 생태계가 건강해야 한다. 동물이 건강하려면 생태계가 건강해야 한다. 생태계가 건강하려면 생물 다양성이 풍부해야 한다. 결국 생물 다양성을 늘리기 위한 생태농업이 이루어져야 하고, 생태농업을 지속가능하게 하려면 농정과 복지, 사회적 경제 등을 결합하는 한편으로, 원 헬스와 연계한 먹거리 계획이 나와야 한다는 것이다(백혜숙, 2020). 이런 맥락에서 기후위기 비상행동의 일환으로 지구 온난화의 주범 가운데 하나인 기업형 축산을 감축하기 위한 채식운동과 로컬푸드의 연계를 확산하는 사회적 경제 활동이 권고되고 있다. 도시 텃밭 활성화 또한 미세먼지 및 탄소 흡수를 위한 도시 숲 조성의 연장선 위에 있는 장기 과제로 제시될 수 있다.

필자는 SD 개념 및 이에 입각한 UN 및 국가, 지자체의 지속가능발전 목표(Sustainable Development Goals; 이하 SDGs)가 경제성장, 사회적 공평성, 생태적 지속성 등을 병렬적으로 나열함으로써, 현재의 위기 상황에 충분히 대처하기 어렵다는 입장이다. 이 부분에 대해서는 '먹거리 안전'과 크게 직접적으로 관계되지는 않더라도, 현재의 기후위기의 심각성에 비해 너무나도 나이브한 대처라고 생각되어 2장에서 다소 장황하게 다루도록 한다. 이처럼 필자가 이론적 관점을 강조하는 까닭은 탈성장과 회복력 있는 SESs의 전망을 구체화하는 가운데, '먹거리 안전'과 '인간-동물-식물의 생명체 순환'에 의한 일자리 창출 및 새로운 사회조직화의 대안이 마련되어야 하기 때문이다.

이 책의 집필 과정에서 오뚜기함태호재단의 지원과 재단법인 숲과나눔 '생명 자유 공동체' 포럼에서의 토론이 큰 힘이 되었다. 그리고 울산대 사회과학대 교수 및 학생들에게 감사하고, 출판을 허락한 울산대 출판부에도 고마움을 전한다. 더불어 책을 멋지게 편집하는 데 도움을 주신 이복주 선생님께도 깊은 감사를 드린다.

1년 내내 코로나19와 공존한 2020년의 섣달에

한상진 씀

목 차

머리글 | 3

제1장 서론 | 11

제2장 안전한 먹거리를 위한 이론적 출발 | 27
- 지속가능발전의 문제점 비판과 회복력의 관점
1. 지속가능발전 담론의 문제점 | 27
2. 지속가능발전을 둘러싼 환경, 사회, 경제의 관계에 대한 세 모델 | 42
3. 회복력과 먹거리 | 48

제3장 먹거리/먹거리 체계의 사회학 | 59
1. 사회문화 현상으로서의 먹거리 | 59
2. 먹거리 체계의 기능과 도전들 | 72
3. 먹거리 체계에 대한 회복력의 구체화 | 88

제4장 기후위기 시대의 먹거리 안전과 먹거리 정의 | 97
1. 먹거리 불안과 그 대책 | 97
2. 먹거리 안전이 중요하다 | 108
3. 기후변화와 먹거리 안전 | 119

제5장 서구에서의 먹거리 정의 운동 | 129
1. 먹거리 정의 운동의 출현 배경 | 129
2. 분배적 먹거리 정의의 사례들 | 133
3. 절차적, 승인적 먹거리 정의 | 144
4. 먹거리 정의를 둘러싼 최근의 동향 | 155

제6장 한국에서의 먹거리 정의와 먹거리 안전 | 159
1. 한국에서의 먹거리 불안의 징후들 | 159
2. 한국의 분배적 먹거리 정의 시도 | 163
3. 절차적 먹거리 정의의 확산 | 168
4. 분배적 정의와 절차적 정의의 긴장 사례 | 180
5. 한국에서의 승인적 먹거리 정의 | 183

제7장 결론 | 189

참고문헌 | 195
색인 | 199

|제1장|

서론

이 책은 다섯 가지 인용문을 소개하면서 서론을 시작하고자 한다. 앞의 두 가지는 2020년의 코로나19 사태가 가져온 충격과 생태사회적 영향에 대한 것이다. 세 번째, 네 번째는 기후위기에 따른 농업과 산업적 축산의 문제점을 다루고 있다. 마지막 다섯 번째는 현 단계에서의 먹거리 안전의 실천적, 정책적 방향을 총괄적으로 제시하고 있다.

먼저 아프리카 오지의 나라, 차드의 무스타파 달렙으로 알려진 인물이 2020년 봄 다음과 같은 의미심장한 시를 발표했다.

> 아무것도 아닌
> '그 하찮은 것'에 의해 흔들리는 인류.
> 그리고 무너지는 사회…
>
> 코로나바이러스라 불리는

작은 미생물이
지구를 뒤집고 있다.
눈에 보이지 않는 무언가가 출현해서
자신의 법칙을 고집한다.
그것은 모든 것에
새로운 의문을 던지고,
이미 안착된 규칙들을
다시 재배치한다.
다르게… 새롭게…

서방 강국들이 시리아, 리비아, 예멘에서 얻어내지 못한 것들(휴전. 전투중지)을
이 조그만 미생물은 해내었다.

알제리 군대가 못 막아내던 리프지역 시위를
종지부 찍게 만들었다.

기업들이 못 해내던 일도 해냈다. 세금 낮추기 혹은 면제,
무이자, 투자기금 끌어오기, 전략적 원료가격 낮추기 등…

시위대와 조합들이 얻어내지 못한 유류가격 낮추기, 사회보장 강화 등등도 (프랑스 경우)
이 작은 미생물이 성취해 내었다.

순식간에 우리는 매연, 공기오염이 줄었음을
깨닫게 되었고,
시간이 갑자기 생겨
뭘 할지 모르는 정도가 되었다.

부모들은 자신의 아이들에 대해 알아가기 시작했고,
아이들은 집에서
가족과 함께 하는 시간에 대해
배우기 시작했으며,
일은 이제 더 이상 삶에서
우선이 아니고,
여행, 여가도 성공한 삶의 척도가 아님을 깨닫기 시작했다.

우리는 곧 침묵 속에서
스스로를 돌아보기 시작했으며,
'약함'과 '연대성'이란 단어의 가치에 대해 이해하기 시작했다.

우리는 가난하거나 부자거나
모두 한 배에 타고 있음을,
시장의 모든 물건들을
맘껏 살 수도 없으며,
병원은 만원으로 들어차,
더 이상 돈으로 해결되는 문제들이 아님을 깨닫게 되었다.

코로나바이러스 앞에서는
우린 모두 똑같이
연약한 존재일 뿐이라는 것도…

외출할 수 없는 주인들 때문에 차고 안에서
최고급 차들이 잠자고 있으며

그런 식으로
단 며칠 만에
세상에 사회적 평등(이전에는 실현 불가능해 보였던)이 이루어졌다.

공포가 모든 사람을 사로잡았다

가난한 이들에게서부터
부유하고 힘 있는 이들에게로…
공포는 자기 자리를 옮겼다.

우리에게 인류임을 자각시키고 우리의 휴머니즘을 일깨우며…

화성에 가서 살고,
복제인간을 만들고
영원히 살기를 바라던
우리 인류에게
그 한계를 깨닫게 해주었다.

하늘의 힘에 맞닿으려 했던 인간의 지식 또한
덧없음을 깨닫게 해주었다.

단 며칠이면 충분했다.
확신이 불확실로,
힘이 연약함으로,
권력이 연대감과 협조로 변하는 데에는…
아프리카가 (코로나로부터)

안전한 대륙이 되는 것,
많은 헛된 꿈들이 거짓말들로 변하는 데에는
단 며칠이면 충분했다.

인간은 그저 숨 하나,
먼지일 뿐임을 깨닫는 것도…

우리는 누구인가?
우리의 가치는 무엇인가?
이 코로나바이러스 앞에
우리가 할 수 있는 일은 무엇인가?

섭리가 우리에게 드리울 때를 기다리면서 스스로를 직시하자.

이 전 세계가 하나같이 직면한 코로나바이러스 상황에서
우리의 휴머니티가
무엇인지 질문해 보자.

집에 들어앉아
이 유행병이 주는
여러 가지를 묵상해보고

살아있는 우리 자신을 사랑하자.

한편 녹색연합의 2020년 4월 소식지는 코로나19와 생태계 파괴의 관계를 다음과 같이 적고 있다.

지난 80년간 유행한 전염병의 약 70%는 야생동물로부터 발생했다고 한다. 동물과 사람 간에 서로 전파되는 병원체에 의해 발생되는 감염병을 '인수공통감염병'이라고 하는데, 최근 들어 동물과 사람 간에 접촉 가능성이 커지면서 인수공통감염의 위험도 늘어났다. 벌목, 채굴, 댐 등의 각종 개발 사업과 기후위기의 영향으로 야생동물의 서식지가 파괴되면서, 그들과 우리 사이에 유지되던 거리가 급격히 줄어들거나 사라졌기 때문이다. 실제로 세계적 규모의 감염병 발생주기는 1990년대 기후변화 문제가 대두됐을 때를 기점으로 점점 짧아지고 있다. 1994년 호주 헨드라, 1998년 말레이시아 니파, 2002년 사스, 2009년 돼지독감, 2012년 메르스, 2013년 에볼라, 2015년 지카, 그리고 2020년 코로나19까지, 2~5년 주기로 대형 감염병이 발생했다. 여기에 1997년 이후 반복적으로 발생하는 조류독감까지 따지면 대형 감염병은 국경을 넘어 일상에 들어왔다고 볼 수 있다.

코로나19가 박쥐에서 인간으로 옮겨온 것처럼, 전염병은 '매개체'를 통해 질병을 옮기게 된다. 기후변화는 이 매개체의 생존과 서식지 등에 영향을 준다. 예를 들어 따뜻해진 겨울은 쥐의 생존을 유리하게 하고 곤충의 개체수가 증가하게 한다. 강수량이 감소하면 쥐는 사람 주변으로 이동하여 접촉 기회가 증가되고 고인 물이 더러워져 모기가 알을 낳을 곳이 많아진다. 강수량이 증가하면 곤충의 생존력이 증가하고, 홍수로 인해 우리의 신체나 먹는 물, 음식 등이 쥐와 같은 설치류의 배설물에 노출되기 쉬워지는 문제가 생기게 된다. 역설적이게도, 코로나19로 교통량과 공장 배출 오염물질이 줄어들면서 유럽과 미국, 특히 중국의 대기질이 개선되었다고 한다. 몇 년째 돌아오지 않았던 올리브바다거북이 사람들의 출입이 통제된 덕에 알을 낳으러 해변을 찾고, 사람들이 뜸해진 거리에 야생동물들이 나타났다는 소식도 있었다. 이곳은 본래 그들의 땅이었던 곳이었는데도.

인간의 활동이 중지된 틈에 잠시나마 지구는 휴식을 취하고 있는 것 아닐까? 희망적인 것은 우리가 행동하면 분명히 자연은 회복할 수 있다는 것이다. 이미 발생한 인수공통감염증이 더 확산하지 않도록 어떻게 봉쇄할지, 그것을 치료하기 위해서 백신을 얼마나 빨리 개발할지에만 초점을 맞추면, 코로나19 재난과 기후위기의 연결점을 놓치게 될 것이다. 코로나 위기는 기후위기의 예고일지도 모른다. 기후위기의 팬데믹이 닥친다면, 마스크 부족 정도가 아니라 식량 부족과 물 부족이라는 훨씬 더 심각한 재난을 마주하게 될지도 모르기 때문이다.

지금의 위기를 기회로, 우리는 이전과는 다른 선택을 해야 하지 않을까? 코로나위기의 대응과 극복이 또 다시 기후위기를 악화시키는 정책과 재정투입으로 이어지는 어리석음을 범하지 않아야 할 것이다.

코로나19가 아니더라도 날로 심화되는 기후위기는 먹거리의 원천인 농업의 어려움을 가중시키고 있다. 연합뉴스(2020)의 아래와 같은 보도는 21세기 세 번째 디케이드(decade)를 맞이하는 인류의 농산물 안전 문제가 놓여있는 SESs의 현주소를 보여준다.

올 여름 54일에 걸쳐 전국적으로 쏟아진 장마와 한반도를 강타한 5개 태풍에 우리 밥상도 직격탄을 맞았다. 농산물 가격이 폭등하면서 올 가을 한 때 배추 한 포기의 소매 값이 1만 2천원을 기록하자, '배추가 아니라 금추'라는 말마저 나

왔다. 하지만 밥상 가격은 시작에 불과하다. 전문가들은 경험해 보지 못한 이상기후가 한반도를 덮칠 것이라고 경고한다. 이들은 생각보다 더 빨리 더 큰 재앙이 닥칠 수 있다는 우울한 예언을 내놓았다.(…중략...)

여름철 비가 너무 많이 내려 고온다습한 환경이 이어지면 사과나무와 같은 과수에는 치명적이다. 이파리가 떨어져 나무의 영양분 저장이 부족해지면서 사과가 달게 익지 않는다. 높은 습도에 사과 탄저병이 번지면서 과육이 썩어나가기도 한다. (어떤 사과 농민은) "이번 장마 때문에 수확 자체가 감소한 것은 물론이고, 고온다습한 환경 탓에 병해충 피해를 봐 못 팔게 된 분량까지 합치면, 사과 생산량이 지난해보다 70%나 줄었다"고 밝혔다. 그러면서 "사과 값이 폭등해 한우 못지않게 비싸졌는데 사과 당도마저 떨어지니 소비자들이 찾겠느냐"며 "올해 농사는 망했다"고 한숨을 쉬었다.

한국농촌경제연구원 농업관측본부에 따르면, 10월 한때 서울 가락시장에서 거래된 사과의 도매가격은 10kg 당 7만5천원에 달했다. 지난해 같은 시기 2만9천원보다 두 배 이상 오른 가격이다. 비슷한 시기 한우 가격은 600kg 수컷 기준 485만 6천원이었다. 10kg으로 환산하면 8만원 수준으로 사과가격과 큰 차이가 없었다.(…중략...)

(한편) 인삼은 일조량이 중요하다. 밭이 물에 잠기면 인삼은 썩는다. 올해는 긴 장마로 인해 인삼이 제대로 자라지 못하고 밭이 잠기는 침수 피해까지 봤다. 물에 잠겼던 인삼인 이른바 '물삼'은 정가의 30% 수준에 불과한 헐값에 처분해야 했다. (한 인삼 농민은) "충주 엄정면 등 일부 산지에는 이번 장마 기간에 1천mm에 달하는 비가 쏟아졌다"며 "농가들이 워낙 피해를 많이 봐서 당장 내년부터 이 지역 인삼 경작면적이 10-20%, 그 다음 해에는 30% 정도 줄어들 것 같

다"고 말했다. 하우스 같은 시설로 옮길 수는 없느냐는 기자의 질문에, 그는 "경제성이 없다. 쌀농사에 비유하면 5만원짜리 쌀 한 포대 수확하자고 20만원을 들이는 꼴"이라며 고개를 저었다.

기후변화로 인해 농가 피해가 늘어나면 결국 소비자들에게 그 영향이 미칠 수밖에 없다. 수확철인 여름부터 가을까지 이상기후로 농산물 생산량이 떨어지면 그 가격이 올라갈 수밖에 없기 때문이다.

네 번째 인용문은 '기후위기비상행동'이 2020년 9월 12일 '우리는 살고 싶다'라는 주제로 개최한 비대면 전국집회에서 발표된 글이다. 여기에서 채식분과를 대표한 동물해방물결 공동대표는 다음과 같이 발언했다.

동물해방운동을 하는 제가 왜 기후위기를 말하는 이 자리에 나왔는가 하면, 그것은 세 가지 이유입니다.

첫째, 기후위기는 모든 동물의 생존이 걸린 문제이고, 둘째, 인간의 동물 착취, 그중에서도 특히 육식과 축산이 기후위기의 매우 주된 원인이며, 셋째, 기후위기를 해결하는 아주 필수적이고 효과적인 방법이 먹거리 영역에서의 대전환, 채식임에도 불구하고, 그 목소리가, 이번 발표된 그린 뉴딜을 포함하여, 정부와 국회에 전혀 미치지 못하고 있기 때문입니다.

인간이 일으킨 기후위기로, 인간뿐만 아니라 얼마나 많은 동물이 고통 받고 있는지 모르겠습니다. 당장 호주에 늘 있어 왔던 산불이 기후위기로 인해 더 빈번하고 강력하게 일어나면서, 코알라, 캥거루 등 제가 지금 다 명명할 수 없을 정도로 수많은 동물이 불에 타서 죽고 화상을 입은 채 고통받았습니다. 6월 발표된 보고서에 의하면, 이제 호주 뉴사우스웨일즈에서는 별다른 획기적인 액션이 없다면, 코알라는 2050년 전까지 지역적으로 멸종할 거라고 합니다.

이 상황은 브라질 아마존에서도 마찬가지고, 고성 산불에서부터 올해 폭우까지 겪은 한국도 마찬가지입니다. 아무의 도움도 받지 못했는데 헤엄쳐 살아나 농가도 되돌려 보내진 소의 이야기를 뉴스에서 접했을 때, 우리는 그것을 기적, 미담이라 여길 것이 아니라, 왜 그 소가 거기에 있는지, 그 소뿐만이 아니라 수많은 소를 사육하고 먹으면서 어떤 재앙을 앞당기고 있는지 큰 그림을 봐야합니다. 인간이 일으킨 위기의 길목에서 "우리는 살고 싶다"를 외치는 것은 인간뿐만이 아닙니다. 그만큼 기후위기는 반드시 해결해야 하는 시급한 과제입니다.

https://ko.innerself.com/content/social/environment/climate/evidence-of-warming.html

그런데, 이렇게 기후위기를 야기하는 것 또한 인간의 동물 착취, 특히 육식과 축산업이 아니겠습니까? 축산업은 자동차, 비행기, 선박을 통틀어 전 세계 교통수단이 내뿜는 것보다도 더 많은 온실가스, 전체의 18%를 배출하고 있습니다. 탄소를 저장하는 삼림을 방화하고 벌채하며, 생물다양성을 획기적으로 감소시키고 있습니다. 소의 소화작용, 목축지와 사료용 곡식 경작지 개간, 유통과정에서의 이동 활동 모든 부분에서 탄소를 배출하고 있습니다. 특히 삼림을 태우면 탄소를 배출할 뿐만 아니라, 탄소를 저장하는 나무들마저 없애는 짓임을 우리는 기억해야 합니다.

그동안 파괴된 아마존 열대우림의 80% 이상이 축산업 때문입니다. 브라질은 육류뿐만 아니라 대두와 옥수수의 세계적인 생산, 수출 국가입니다. 축산동물을 키우거나, 그들을 먹일 사료를 키우거나, 둘 중 하나인 것입니다.

한국은 이 책임에서 자유롭습니까? 절대 그렇지 않습니다.

한국의 고기 소비는 세계 평균을 넘어 날로 늘고 있고, 그 많은 동물에게 브라질산 옥수수 등 수입산 곡물 사료를 먹이고 있습니다. 우리나라의 대두, 옥수수 소비량의 80%가 축산동물의 '사료'이고, 그 중 97%, 거의 모두가 수입산입니다.

축산업으로 사라진 숲, 동물이 얼마나 될까요. 1970년부터 지구 척추동물의 3분의 2가 사라졌는데, 서식지 파괴가 주된 이유입니다. 지금 우리는 지구에 존재하는 포유동물 중 96%는 인간이거나 인간이 먹기 위한 축산 동물이고, 단 4%만 야생동물이라는 비극을 맞이하고 있습니다.

그렇습니다. 우리의 육식과 축산업은, 2050년까지 탄소배출 제로를 달성해야만 하는 우리의 사정에, 더 이상 지속가능하지 않습니다.

그래서, 우리는 이제 육식에, 축산친화적인 정책에 안녕을 고해야만 합니다. 탄소배출 제로를 위해서는 에너지뿐만 아니라 식단의 대전환, 탈육식, 채식/비건(vegan) 확산이 필수적입니다. IPCC(Intergovernmental Panel on Climate Change; 기후변화에 관한 정부간 협의체)는 사람들이 완전채식(비건)을 하게 될 경우 전체 온실가스의 23%를 줄일 수 있다고 밝히고 있고, 학계에서도 환경에 최선의 식단은 비건이라 입을 모으고 있습니다.

기후위기를 막기 위해 국민이 일상에서 실천할 수 있는 최고의 선택은 채식이며, 너무나 다행스럽게도, 매번 식탁에서 기후와 동물을 위한 선택을 내리는 국민들이 빠르게 늘어나고 있습니다.

그런데 정부는 그 선택들을 용이하게 하기 위해서 아무것도 하고 있지 않습니다. 아직도 축산을 '현대화'한다며 장려하고 고기를 너무 많이 먹어서 암, 성인병 발생이 늘어나고 있는데도, WHO가 가공육을 발암물질 1급, 적색육을 발암물질 2급으로 지정을 하든 말든, 우리 고기가 안전하고 건강하다며 더 많이 먹으라고 세금을 들여 육식 소비를 진작하고 있습니다. 이것은 동물의 고통뿐만 아니라 우리 모두의 기후, 안전, 미래, 모든 면에서 말이 안 되는, 구시대적인 것입니다.

비건인 그레타 툰베리가 윗세대의 부모님까지 비건을 지향하도록 설득한 데는 이유가 있을 것입니다.

정부는, 하루 빨리 탄소배출 제로 목표를 설정해야 합니다. 그리고 그것을 달성하는 데 먹거리/채식 전환까지 포괄하는 제대로 된 그린 뉴딜, 기후대응책을 내놓아야 합니다. 그러한 요구가 기후위기비상행동을 통해서도 적극적이고 빠르게 전개될 수 있기를 바랍니다.

위의 네 가지 인용문은 현재의 코로나19 감염병 사태와 기후위기, 더 나아가 먹거리 불안의 문제가 서로 연관되어 있음을 보여준다. 이제 마지막으로 복지국가소사이어티에 발표된 백혜숙(2020)의 논의에 주목해 보자.

> 코로나19 팬데믹을 진정시키기 위한 백신과 치료제 개발은 필수 불가결한 일이다. 그런데 온통 백신과 치료제에만 목을 매고 있는 것 같아 안타깝다. 그것이 사회적 만병통치약이 될 순 없다. 코로나19가 확산하면서 우리 사회는 물론 세계가 한 번도 겪지 않은 급변의 조짐이 나타나고 있기 때문이다. '새로운 생활양식으로의 전환'이라는 장기적인 방안을 찾아야 한다고 곳곳에서 신호를 보내고 있다. 그런 신호가 무엇인지 어떤 성격을 띠고 있는지를 밝히고, '원 헬스'와 연계한 코로나 이후의 대안을 고민해야 한다.
>
> 물리적 방역에 집중하느라 심리적 방역을 등한시한 결과, 사회 공동체 구성원들의 고통과 소외감이 한계점에 다다른 상황이다. 코로나19로 인한 사회적 합병증 중의 하나가 자살이다. 특히 올해 상반기에 20대 여성의 자살이 크게 늘었다. 작년 상반기 대비 43%나 급증했다. 이는 재난시대를 살아가는 20대의 삶의 기반이 허약하다는 방증이다. 20·30대 여성의 자살 증가는 사회적 고립감, 고용 불안, 돌봄 부담의 누적 등이 원인이다.
>
> 사회적 거리두기의 장기화로 사회적 돌봄의 공백이 광범위하게 발생하고 있다. 돌봄 공백은 심리적 소외와 불안을 가중시킨다. 대면 공공 서비스의 중단과 돌봄 공백은 사회적 약자(아동, 노인, 장애인)에게 더 큰 위협이 되고, 이는 곧 생존의 문제와 직결된다. 사회적 돌봄을 담당하는 지역아동센

터, 키움센터, 어린이집, 학교 등의 폐쇄 조치는 아동의 신체적·심리적 건강을 해치고 학부모의 돌봄 불안을 누적시킨다. 공공기관을 이용하며 커뮤니티를 형성하고 여가를 즐기던 장애인들도 고립감으로 점점 힘들어 한다. 복지관에서 제공하는 돌봄과 양질의 급식을 받지 못한 노인들은 재난의 고통이 더욱 심하다.

배고픔 해결이 기본적인 욕구이듯, 사람들 간의 상호작용도 기본적 욕구이다. 이 같은 사실을 뒷받침하는 연구 결과가 있다. 대인 접촉을 차단하고 고립시킨 실험 참가자들에게 사람들이 교류하는 사진을 보여줬을 때 활성화되는 뇌 영역이 금식 후 음식 사진을 볼 때와 같다는 것이다. 즉, 배고픈 사람이 음식을 갈망하는 것과 마찬가지로 인간은 사회적 상호작용을 갈망한다. 이런 두 가지의 기본적인 욕구가 동시에 차단되지 않도록 하는 '안전하게 사회적 거리 좁히기' 방안 마련이 시급하다. (…중략...)

2014년 2월 서울 송파구에서 세 모녀가 극단적인 선택을 한 이후에도 애달픈 사건이 이어지고 있다. 2019년 서울의 모 아파트에서 굶어 죽은 것으로 추정되는 탈북 모자 사건, 2020년 6월 코로나19로 개학이 지연되면서 집에만 머물며 굶주림에 시달린 한 중학생이 번개탄을 피워 자살을 기도한 사건 등은 복지 사각지대 해소 대책과 함께, 식량주권 실현을 위한 생산 및 분배 체계가 구조적으로 재편되어야 함을 시사하고 있다. 브라질 벨루오리존치에서는 먹거리 정책을 취약계층에 대한 시혜가 아닌 기본 권리로 인식하고 농업정책과 복지를 결합한 식량보장 정책을 펼치고 있다. 이런 관점에서 우리나라 먹거리 복지사업 중 현물 지급 사업(도시락 배달사업, 밑반찬 배달사업, 영양플러스, 푸드뱅크, 농식품 바우처 등)은 반드시 생태적으로 지속가능한 농업과 연

> 계되어야 한다. (…중략...)
>
> 양질의 음식은 '마음의 위안'은 물론이고 '우울증 완화' 효과가 있다. 정신과 의사가 진료실이 아닌 음식점에서 우울증 환자를 치료하는 장면이 TV 드라마에 나온다. 무엇을 먹으면 좋을까 망설이는 환자에게 음식을 추천하며, 그 음식에 들어 있는 특정 물질이 기분을 좋게 한다고 말한다. 그 물질은 행복감을 느끼도록 해주는 신경전달물질인 '세로토닌(serotonin)'의 수치를 높여준다. 세로토닌의 대부분이 만들어지는 기관이 '장'이고, 스트레스를 받으면 제일 먼저 반응하는 곳도 장이라고 한다. 이런 의미에서 본다면 마을부엌은 사람을 행복하게 하는 사회적 호르몬이라 할 수 있다.

먹거리는 코로나19 시대 기후위기가 낳는 생태적 위협의 대상이자 그 대응을 위한 사회문화적 자산이기도 하다. 2020년의 코로나위기에 대처하여 대한민국 정부는 디지털 뉴딜, 지역균형 뉴딜과 함께 그린 뉴딜을 일자리 창출을 위한 새로운 정책으로 내세우고 있다. 필자는 우선 디지털 뉴딜은 본질적으로 인간 노동을 인공지능과 로봇이 대치하는 4차 산업혁명의 대세를 거스르지는 못하리라 생각한다.

한편 지역균형 뉴딜은 2020년대 시점에서 바람직한 정책 방향이라고 판단한다. 왜냐하면 수도권 집중과 과잉도시화가 부동산 광풍은 물론이고 자원순환 및 유기농의 확산을 가로막는 주된 원인이기 때문이다. 마지막으로 그린 뉴딜은 생태계와 일자리 창출을 지향하는 사회체계의 접점을 만들고자 하는 시도로 평가되나, 이후 환경, 사회, 경제의 관계에 대한 세 가지 모델2)에서 다루겠지만, 환경과 경제만 교차하는 녹색성장 담론의 재판으로 그칠 경우에는 미봉책이 될 우려가 크다. 특히 하승수(2020)는 한국판 뉴딜에 식량자급률을 높일 정책이 부재하다고 비판하면서 다음과 같이 말한다.

> 2020년 7월에 발표된 한국판 뉴딜 종합계획에 농업과 관련된 내용은 '농어촌 디지털 접근성 강화', '공공급식 식자재 거래관리 통합 플랫폼', '농촌 태양광 융자' 정도밖에 없었다. (…중략...) 여전히 외국에서 사서 먹으면 된다는 생각에 빠져 있는 듯하다. 하지만 진짜 식량위기가 닥쳤을 때 필요한 만큼의 식량을 살 수 있을까? (…중략...) 소 잃고 외양간은 고칠 수도 있지만, 먹을 게 없을 때는 외양간을 고칠 힘도 없을 것이다. 마스크는 단기간에 증산할 수 있지만, 농산물은 그렇게 할 수가 없다. 정부의 존재 의미가 있으려면 국민의 먹거리부터 챙겨야 한다.

코로나19를 막기 위한 지난한 노력 속에서 기후위기에 대응하는 탈탄소 정책도 가시화되고 있다.[3] 코로나19가 초래하는 일자리 부족은 아마도 감염병 완화 이후에도 4차 산업혁명이 초래하는 '초연결' 비인간노동으로 인해 크게 나아지지 않을 것이다. 이에 대처하여 이미 2020년에 재난지원금으로 실험된 기본소득의 제도화가 더욱 활발히 논의되리라 믿으며, 탈탄소 순환사회로의 지향이 먹거리 안전의 문제와 연계하여 지역균형을 위한 '원 헬스 푸드플랜'의 청사진으로 구체화되기를 기대한다.

---

2) 이 책의 2장 2절 이하를 참조할 것.
3) 한겨레신문(2020), 10월 28일자.

|제2장|

안전한 먹거리를 위한 이론적 출발

: 지속가능발전의 문제점 비판과 회복력의 관점

1. 지속가능발전 개념의 문제점

현재 먹거리 분야를 비롯한 환경영역의 민관 협치 틀은 지속가능발전 목표(Sustainable Development Goals; 이하 SDGs)를 주축으로 하고 있다. 기후위기와 생태계 파괴로 인한 코로나19 창궐 등의 비상 상황에서는, SDGs 협치가 인류세라는 시장 중심의 경제성장 패러다임에 입각해 있다면, 그 한계가 분명하다고 필자는 생각한다. 물론 민관 협치가 부재한 채 먹거리 안전을 위해 아무런 노력을 기울이지 않는 것보다는 낫겠지만 말이다. 여기서는 인류세 하의 시장 논리에 입각한 먹거리 안전정책이 '지속가능한 생태계'보다는 '지속가능한 경제성장'을 지향하게 되는 이유를 찾아보고자 한다.

1972년 UN 산하 로마클럽이 '성장의 한계'를 경고한 이후, 세계는 탈성장(degrowth), 아니면 적어도 저성장에 합의하고 생태계의 회복력을 제고하는 방향을 공동 모색해야 했다. 그럼에도 불구하고 1973년 이후 인류는 오히려 중동국가를 진원지로 하는 석유파동에 대한 대응으로, 국가 중심의 정책보다는 시장 논리와 민영화를 강조하는 신자유주의의 소용돌이로 휘말려가고 말았다.[4] 이런 추세는 1987년 지속가능발전(Sustainable Development; 이하 SD) 담론이 전면화될 때까지 지속되었다.

필자는 현재의 SDGs가 기존 관행에 의존하여 경제적, 사회적, 환경적 지속가능성을 병렬하여, 상호모순이 분명하게 드러나는 '일자리 창출을 위한 경제성장 목표'와 '기후위기 및 미세먼지 저감을 위한 환경적 지속가능성 목표'가 동시에 성공할 수 있다는 잘못된 가정을 하고 있다고 본다.[5] 따라서 SDGs의 지표화와 실행 점검 방식에 의거하는 지자체의 환경정책 대신에, 병리적 경로의존성의 전환 차원에서 회복력에 초점을 맞춘 대안적 목표 재설정이 필요하다는 입장이다.

---

4) 드라이젝(Dryzek, 2019: 23)은 병리적 경로의존성을 '지구 시스템(earth system)의 상태에 관한 정보를 체계적으로 억압하고, 협소한 경제적 관심에 대한 우선순위를 체계적으로 앞세우는 환류 기제의 체현을 통한 지구체계로부터의 인간 제도의 탈각'으로 정의한다. 즉 경제적 관심에 대한 경로를 지나치게 강조하는 자본주의 시장제도에 대한 의존이 경제침체와 환경문제 가운데 전자를 우선시하게 만들었다는 것이다.

5) SDGs의 대안이 탈근대적 발전인지, 탈발전인지에 대해서는 한상진(2020) 참조.

(1) 인류세의 지구환경 위기[6)]

점점 심해지는 기후위기 때문에, 인류세에서의 식량안전, 나아가 식량안보에 대한 우려가 커지고 있다. 기후변화에 관한 정부간 협의체(Intergovernmental Panel on Climate Change; 이하 IPCC)는 2014년에 "기후변화는 현재의 SD에 대해서는 중간 정도의 위협이지만, 미래의 SD에 대해서는 심각한 위협"이라고 결론내렸다. IPCC는 여전히 SD를 글로벌 목표로 옹호하지만, 기후위기가 그 목표를 위태롭게 한다는 것을 인정한다. 이 조직은 점잖은 어조로 "빈곤, 불평등, 질병 같은 불안을 자아내는 요소가 영향을 미치는 데다 기후변화까지 가세하여 영향을 미치기 때문에, 많은 지역, 시스템, 인구집단은 먹거리와 생계 안전, 빈곤 감소, 건강, 맑은 물 접근권 등 SDGs를 달성하는 데 애를 먹고 있다"고 지적한다.

현재의 다양한 정책은 우리의 소비행위가 생태적, 지구적 한계를 넘어선다는 것을 암암리에 보여준다. 예를 들어 생태발자국 정책은 인간의 다양한 이용 방법을 충족시키는 데 필요한 자원의 양을 중심으로, 인간의 소비 패턴이 어떤 영향을 미치는지를 규정한다. 현재 수많은 응용 프로그램과 웹사이트가 사람들의 탄소 발자국, 에너지 발자국 등을 계산할 수 있는 기회를 제공하고 있다. 글로벌 풋프린트 네트워크는 여기서 한 걸음 더 나아가 '생태적 용량초과(ecological overshoot)'라는 개념을 도출하기에 이르렀다. 1972년 발간된 UN 보고서인 「성장의 한계」는 인구 및 경제성장의 측면에서 당시의 세계

6) 이 절의 논의는 Benson et al.(2017: 33-47)을 요약한 것임.

추세가 계속된다면, 지구적 수행역량7)이 초과되는 순간에 경제사회적 붕괴의 미래에 직면하리라는 것을 경고한 바 있다. '생태적 용량 초과' 개념도 이와 비슷한 문제의식을 드러낸다.

글로벌 풋프린트 네트워크는 해마다 지구 생태용량 초과의 날, 즉 지구가 한 해에 생산할 수 있는 재사용 가능 천연자원을 인류가 모두 소진한 날짜를 계산한다. 지속가능한 세계에서라면 인류가 12월 31일 자정에 그 해의 자원을 정확하게 소비한다는 전제에서 출발하는 계산이다. 따라서 12월 31일보다 앞선 날짜는 인류가 지구의 재사용 가능한 자원용량을 초과해서 사용했다는 것을 뜻한다. 2016년 지구 생태용량 초과의 날은 8월 8일이었다. 이것은 지구생태계에 대한 인류의 수요를 뒷받침하기 위해서는 1.6개 이상의 지구가 필요하다는 것을 의미한다. 이들 연구가 의미하는 바는 세계에 남긴 인간의 발자국은 소비, 악화, 낭비의 측면에서 규모가 크고 지극히 해로워서, 지구의 적응용량을 초과할지 모른다는 우려가 생긴다는 것이다.

발전의 생태적 한계를 평가하는 또 하나의 접근법은 '지구 위험 한계' 개념이다. 스톡홀름회복력센터(Stockholm Resilience Center)는 9가지 핵심 지구 시스템의 기능을 정량화한 뒤, 이 시스템의 한계를 넘어섰을 것으로 추정되는 불가역적인 위험

---

7) 수행역량 개념은 어떤 생태계에도 그것이 지지할 수 있는 어떤 하나의 종의 숫자에 대한 최대 경계가 있다는 생각에서 비롯된 것이다. 인간의 경우 원료를 추출, 변형, 교환, 축적 및 파괴하는 복합체계를 창출할 수 있으므로, 다른 종에 비해 더 많은 양의 자원을 소비하는 능력을 갖는다. 따라서 인류에게 인구보다 더 중요한 것은 지구 경제의 크기이다. Dryzek et al. (2019: 25) 참조.

도의 측면에서 인류가 어디에 위치해 있는지를 평가하고자 했다. 그들은 "인류가 역사 최초로 지구를 되돌아올 수 없는 지점까지 몰아붙인 것 같다"고 우려한다. 지구위험 한계 프로젝트의 연구자인 조한 록스트룀(Johan Rockström)과 마티어스 클룸(Mattias Klum)는 "지구위험 한계 개념의 기본 원리는 지역의 호수에서 삼림의 바이오매스, 대규모 대륙빙하에 이르는 생태계가 급격하게 급변점(tipping points)을 넘어선 뒤, 한 안정적 상태에서 다른 안정적 상태로 불가역적으로 변화할 수 있다는 것을 보여주는 30년간의 경험적 연구에 기초를 두고 있다"고 설명한다. 그들의 목표는 "안정된 지구에서 인류를 위해 안전하게 작동하는 공간"을 밝혀내는 과정에서, 지구 시스템 전체를 위험에 몰아넣을 수 있는 그런 시스템의 급변점을 알아내는 것이었다.

그런데 여기서 중요한 점은 이런 식의 추정이 적중하기는 무척 힘들다는 데 유념하는 것, 그리고 맬서스주의적 사고방식을 피해야 한다는 것이다. 맬서스(Malthus)는 1779년 지구의 인구가 농업생산력을 앞설 것이라고 예측했다. 그러나 맬서스는 틀렸다. 농업기술의 혁신, 효율의 증가, 신기술 덕분에 예상 궤적이 크게 바뀌었기 때문이다. 그 때 이후로 '맬서스주의'라는 말은 자원을 과도하게 사용하는 인구집단 때문에 발생하는 파국에 대한 예측을 설명하는 데 사용되어 왔다[8].

소비패턴의 변화와 신기술은 경제성장과 환경파괴의 '탈동조화'를 불러일으킬 수 있다. 이것이 비극 담론이 기를 펴지 못하는 주요 이유이다. 상대적 탈동조화는 충격이 인구나 총소비보다 더 낮은 비율로 증가하는 것을 가리킨다. 일례로 미국에서 인구는 증가했지만 1인당 물 소비율은 감소했다. 절대적 탈동조화는 충격이 절대적 관점에서 감소하는 것을 말한다. 미국의 납에 의한 대기오염의 감소가 좋은 예다. 대기 중(혈액 중) 납의 절대적 농도는 미국 환경보호청과 하원이 납을 가솔린 첨가제로 사용하는 것을 금지한 뒤 급속도로 감소했다.

주목할 것은 지구위험 한계 연구자들도 인류세에 관한 새로운 문화적 담론이 필요하다는 것을 강조하고 있다는 점이다. 연구자들은 "우리는 산업혁명 이후 우리의 행동이 아무런 영향을 끼치지 않는다는 미친 생각을 해왔다. 그런데 이제는 순리대로 흘러가게 놔둘 수 있다"고 말하며, "우리가 지금 필요로 하는 것은, 지구의 생명유지 시스템 안에서 우리의 경제

---

8) 에이를리히(Ehrlich)의 세계 인구 증가에 관한 예측이 그 예이다.

가 발전하는 방식을 깊게 다시 생각하고, 사고방식을 전면적으로 바꾸는 것"이라고 결론 내린다.

세계는 새로운 담론—인류가 자연과 지구 전체의 지혜로운 관리인이 되기 위해 독창성, 핵심 가치, 휴머니즘을 발휘함으로써, 아름다운 지구에서 번영을 누릴 새로운 기회를 얻는 긍정적 담론—을 요구한다. 특히 안전한 먹거리와 정의로운 식탁을 위해서도 이러한 담론은 절실히 요청된다. 지금까지의 지배 담론은 지구와 자연에는 후과에 대해서 염려할 필요 없이 마음껏 써도 되는 무한한 용량이 있다고 가정하면서, 유한한 지구에서의 무한한 물질적 성장을 이야기해 왔다.

이런 담론은 우리가 상대적으로 큰 지구 위의 상대적으로 작은 세계, 다시 말해 지구가 인간이 가하는 온갖 모욕을 견디며 용서하는 작은 세계에서 살았던 동안에는 유효했다. 그러나 이제는 더는 그렇지 않다. 우리는 이미 25년 전에 그런 시대를 지났다. 오늘날 우리는 작은 지구 위의 커다란 세계, 다시 말해 팽배해진 환경압력 때문에 지구가 세계경제에 청구서를 발행하기 시작한 세계에서 살아간다. 극단적 기상이변으로 인한 비용이 점점 늘어나고, 세계 식량과 자원 비용의 변동성이 높아지는 세계 말이다. 인간과 자연 사이의 관계를 사고하는 새로운 방식이 필요한 이유이다. 지구와의 관계를 어떻게 재정립하는가에 따라 세계의 번영을 향한 새로운 길을 열 수 있다.

생태계와 지구의 여타 시스템이 지속적이고 복잡한 변화, 전례 없고 예측불가능한 변화가 일어나는 이 새로운 시대를 지나고 있음에 따라, "인간이 소비할 산물을 만들어내고, 인간이 만든 쓰레기(특히 새로운 화합물)를 흡수하거나 동결할 지구의 역량에는 한계가 나타난다. 언제 어디서고 외부 요인이 흡수될 것이라는 생각은 하자투성이다. 생명체는 인간의 요구가 있으면 언제나 회복될 것이라는 생각은 진보의 신화에 불과하다." 많은 과학자들이 추정하듯이 우리가 생태적 임계값과 지구위험 한계에 다가간다면(또는 이미 지나는 중이라면), 미래 발전에 대한 인간의 선택권 폭은 좁아지게 된다. 아니, 사라지는 중일 수도 있다. 미래 발전에 대한 선택권을 상실할 가능성 때문에, 발전 목표에 대한 인간의 사고방식을 바꿔야 마땅한 SESs는 위험에 내몰리고 있다. 모든 사회에서 기후변화는 대부분 생태계의 현재 상태를 직접적으로 위협하고 있다.

해수면 상승의 결과로 이미 예측됐던 섬나라의 소멸 같은 극단적 기후변화가 초래한 현실은 널리 알려졌음에도 불구하고, 아직 글로벌 발전 목표에는 포함되지 않고 있다. 이런 유형의 극단, 섬나라와 섬 문화(그리고 극지방)에 대한 실존적 위협은 일반화될 수 없는 것처럼 보이는 부분이 있기는 하다. 비록 이런 위협이 비극적이긴 해도, 일반적으로는 보기 드문 기후변화로 인해 겪게 되는 특정한 인간 사회의 숙명쯤으로 묘사된다. 여기에는 나머지 인류는 발전을 지속적으로 추구하며 그럭저럭 살아갈 수 있다는 생각이 내포되어 있다. 그런데 생태적 의존은 부지불식간에 널리 퍼져 있는 현상이다. 한 사회가 망가져가거나 급격하게 변해가는 생태계에 의존하게 되면, 일정 시점에 이르러서는 경제발전과 사회발전이 현저하게 뒤처지거나 심지어 역전당하기까지 한다.

SDGs는—실제로는 어떤 발전 목표든—그 목표와 관련 있는 사회가 발전에 필요한 기본적인 생태조건—거주지, 하나 이상의 먹고 마실 수 있는 식량과 물의 원천—을 지속적으로 보유할 것이라고 가정한다. 하지만 기후변화가 이런 가정에 의문을 제기하는 중이다. 지구 시스템이 변화하고 변형되는 것에 비례해, 우리는 우리의 지구와 지구의 자원 이용이 얼마나 '지속가능할 것인가'라는 극도로 빈약한 생각에만 점점 더 매달리게 될 것이다. 지속가능성 담론과 우리가 처한 새로운 현실 사이의 이런 괴리로 인해, 대체문화 담론의 필요성이 부각되는 것이다. 록스트룀과 클룸이 제안한 바와 같이, 우리와 자연 사이의 점진적으로 발전하는 관계에 관해 사고할 더 나은 틀, 변화와 예측불가능성을 새로운 정상상태로 아우르는 틀이 필요하다.

지표면이 낮은 방글라데시는 매년 가속되고 있는 온난화로 인한 해수면 상승으로 방글라데시 연안 지역의 수몰 또한 급속하게 진행되고 있다(Intergovernmental Panel on Climate Change, "Climate Change 2014: Fifth Assessment Report", 2014).

(2) 지속가능성 담론에 대한 비판

인류세에서는 지속가능성 담론의 용도를 재평가해야 한다. 구체적으로 말하면, 탈성장 또는 저성장의 지향에서 장기적인 'SD'가 여전히 가능한지, 천연자원 관리자에게 유용한 법과 정책 지침을 제공하기 위해 현실 세계에 적용하는 것으로서의 '지속가능성'을 정의할 수 있는지를 비판적으로 검토해야 한다. 우리는 지구가 지금 겪는 변화, 그리고 앞으로 계속 겪을 변화에 치인 나머지 진정한 지속가능성에 필요한 지식 기반이 무엇인지 전혀 이해하지 못하고 있다. 인구, 서식지 파괴, 지속불가능한 천연자원의 사용 등 인류세에서 지구에 가해지는 다른 스트레스 요인과 상호작용하면서 시너지효과를 발휘하는 기후위기가 의미하는 것은, 인간은 미래 현실에 대한 정확한 예측 변수인 과거 환경 조건에 더는 의존할 수 없다는 것, 또는 과거 환경 조건이 일단 변화하면 회복될 것으로 더는 기대할 수 없다는 것이다.

여하튼 기후위기 탓에 복잡한 지구 시스템에 미치는 인간의 영향이 SESs를 변화시키고 있다—경우에 따라서는 완전히 탈바꿈시키고 있다—는 것이 분명해진다. IPCC가 2014년에 결론내린 것처럼, "온실가스의 지속적 배출은 더 심한 온난화, 지구 시스템의 모든 구성요소의 장기 지속적 변화를 초래함으로써, 인간과 생태계 구석구석에 퍼져가는 극심하고 돌이킬 수 없는 충격이 발생할 가능성을 높일 것이다." 더 나아가 "기후변화는 자연계와 생태계에 대한 기존 위험을 증폭시키고 새로운 위험을 만들어낼 것이다." 실제로 일어난 변화의 위험

뿐 아니라 앞으로 일어날 변화의 위험도 장기적이다. "인류세에서 온실가스 배출이 중단되더라도, 기후변화 및 기후변화와 연관된 충격의 많은 측면은 지속될 것이다. 급격하고 되돌릴 수 없는 변화의 위험은 온난화의 규모에 비례해서 증대한다." 그 결과 생태주의자는 다음과 같이 결론 내린다. "오늘날에는 점진적으로, 미래에는 매우 확실하게 유일한 상수가 변화할 것이다. 새로운 정상상태는 경악 그 자체일 것이다." 무엇보다도 "갑작스럽고 예측하지 못한 변화가 자연계에서 예외가 아니라 규칙이 될 것처럼 보이기 때문이다."

이런 사정에도 불구하고 지속가능성 개념에는 두 가지 장점이 있다. 첫째는 환경 이슈, 경제 이슈, 사회 이슈 하나하나를 분리해 생각할 수는 없다는 점이다. 둘째는 정책적 접근법을 만들어낼 때 세대 간 형평성과 세내 내부 형평성을 고려해야 한다는 점이다. 버거(Burger)는 지속가능성이 지난 30년 간 가장 영향력이 큰 환경 아이디어이긴 했지만, 그 근저에는 이상주의적 담론, 즉 좋게 보면 비현실적이고 나쁘게 보면 기만적인 담론이 깔려 있다고 다음과 같이 말한다(한상진 외, 2020: 12).

> 지속가능성은 ... 현대 환경정책을 만들어낸 반체제 사회운동의 핵심부에서 근본적 변화를 일으키지 못했다. 지속가능성 담론은 우리가 살아가는 방식의 변화, 즉 환경위기를 실질적으로 해결하는 데 필요한 변화를 고무하기보다는, 자본주의와 소비 같은 중대한 문제를 일괄하여 다루고 기존 행위자와 위계를 구체화하며 사회조직, 생산, 소비의 기본 패턴을 지지한다. 한 마디로 지속가능성 담론은 여러 면에서

글로벌적 기후변화를 초래한 기존 역학관계를 영속화하는 기만적 담론일 뿐이다.

전 세계와 한국의 지방정부들은 지속가능성 담론을 쉽게 내버리지 못하고 있는데, 이를 구체화한 것이 SD였다. 과학자들이 기후변화가 일어나고 있고 인간이 기후변화와 관련이 있다고 확신하면서부터 SD 담론이 등장했다. 국제자연보호연맹(the International Union for the Conservation of Nature; 이하 IUCN)은 SD 개념의 연원을 1969년 IUCN 명령과 1972년의 유엔인간환경회의(스톡홀름)에서 찾고 있다. 그렇지만 SD가 처음으로 국제적 협치의 목표가 되도록 공을 세운 것은 환경과 발전에 관한 세계위원회(흔히 브룬트란트위원회로 알려져 있다)의 1987년 보고서「우리 공동의 미래(Our Common Future)」였다. 이 보고서는 가장 널리 사용되고 있는 SD 개념의 정의인 "미래 세대가 자신의 필요를 충족시킬 능력을 훼손하지 않고 현재의 필요를 충족시키는 발전"을 내놓았다. 이어서 1992년 '지구정상회담', 특히 아젠다 21에서 SDGs가 측정 가능한 목표로 정립되기에 이르렀고, 2000년에는 SD 자체가 유엔의 새천년 8대 발전 목표의 하나가 되었다.

SD는 의사결정 과정이나 실질적 목표를 설명할 수 있는 개념이다. 우리는 주로 실질적 목표로서의 SD에 초점을 맞추지만, 무엇보다 인간개발의 생태적 한계를 고려하거나 다루지 못한다는 점에서 실질적 SD 담론의 한계가 의사결정 틀로서의 SD에도 적용된다는 것에 주목한다. SD는 다양한 방식으로 정의되고 재정의되었다. 엘리어트(Elliott)가 말했듯이, "SD는 말 그대로 발전을 장기간 지속시키는 것을 말한다." 그러나 SD 담론의 모든 버전이 똑같은 이야기를 하는 것은 아니다. 중요한 것은 SD를 추구하는 사람들이 인간과 환경 사이의 관계에 관해 상이한 가정을 하고 있다는 점이다(한상진 외, 2020: 12-13).

지속가능성은 장기간 또는 정의될 수 없는 시기에 걸쳐 지속, 유지되는 과정이나 상태의 역량을 가리킨다(Dryzek et al. 2019: 83). 그렇지만 지속된다는 것이 정확히 무엇인가? 또 어느 정도의 시기에 걸친다는 것인가? 게다가 지속가능성에 발전이라는 용어를 부가하면, 발전의 성격 자체가 논란의 대상이 되기는 하지만 어느 정도는 안정적 의미가 된다. '방향 지어진 변동 과정'이라는 발전에 대한 렐레(Lele, 1991)의 정의를 유용한 출발점으로 삼을 수 있다. 문제의 대상인 변동은 종종 진보와 동의어로 여겨질 수도 있다. 그럴 때조차도 어떤 차원의 발전이 지속되어야하는가의 문제는 여전히 남아 있다.

지속가능성은 SD보다 더 포괄적인 용어이다. 즉 지속가능성은 어떤 문제에 대한 응답인가에 따라서 지속가능 농업, 지속가능 먹거리, 지속가능한 금융, 지속가능한 패션 등을 포괄할 수 있다. 지속가능성 개념에 관해 언급할 만한 마지막 포인트는 그것의 장기적 지평과 현재 및 미래 간 관계에 대한 강조이다. 지속가능성 담론은 문제와 두려움에 대해서는 덜 초점을 맞추고 자원소비의 영향 및 이와 결합된 환경적 우려를 관리하는, 좀 더 균형 잡힌 방식을 찾는 데에 더 초점을 둔다(Benson et al., 2017: 33). 지속가능성의 가장 일반적인 정의는 특정한 활동, 과정, 또는 자연자원의 사용에 계속 관여하는 장기적 능력을 가리킨다.

이러한 담론은 1970년대 미국에서 '복합적 용도의 지속적 산출'이 많은 자연자원 관리체제를 위한 관리 원칙이 되고, UN 국제회의가 발전 목표들을 접합하기 시작하면서, 어느 정도 초기의 영향력을 획득한 바 있다. 하지만 환경관리 담론으로서의 지속가능성은 실제로 더 늦게 가열되었다고 보는 것이 공정한데, 그 시점은 1992년의 리우 데 자네이로 UN환경개발회의가 SD를 리우선언과 의제21로 통합하고 이를 국제공동체가 포용하기 시작하면서부터이다. 지구정상회담으로 알려진 이 회의는 세계 지도자가 UN 기후변화 프레임워크 협약에 대한 서명을 개시한 바로 그 회의였다. 던바하와 치버(Dernbach and Cheever)는 지속가능성 및 SD의 기원을 개괄하면서, 이 개념이 기후변화 프레임워크 협약, 생물다양성 협약을 포함하는 수많은 국제조약으로 통합되었음을 언급하고 있다.

지속가능성 담론은 특히 기후변화 관점에서 복합적 지구체계를 둘러싼 생태주의의 진화된 이해에 더 이상 어울리지 않는 SESs에 대한 가정에 의존한다. 지속가능성 담론은 인간들이 첫째 무엇이 지속가능한지를 알고, 둘째 정태적 균형이나 일정하게 한계 지어진 가변성의 범위 안에서 복합적 체계를 유지할 능력을 갖고 있다고 특정하게 가정하는 경향이 있다. 지속가능성 담론은 '명백한 운명설'[9]처럼 그 유용성의 종언

9) 명백한 운명(Manifest Destiny)이란, 제임스 매디슨이 미국 대통령으로 재임할 당시 민주공화당, 특히 매파(주전파)에 의해 널리 퍼지게 되었다. 이는 19세기 중반에서 후반의 미국 팽창기에 유행한 이론으로, 미합중국이 북미 전역을 정치·사회·경제적으로 지배하고 개발할 신의 명령을 받았다는 주장이다. 이는 팽창주의와 영토 약탈을 합리화하였다. 위키백과 참조

지점에 도달해 있다. SDGs의 추구는 기후변화에 대한 효과적 완화를 명백히 결과하지 못했고, 속도, 스케일 측면에서의 자원 소비 패턴은 물론이고 온실가스 또한 계속 증가하는 것을 방치해왔다. 종의 다양성 상실도 기하급수적으로 증가하고 있다.

SD, 또는 지속가능성 담론은 문제와 공포에는 덜 초점을 맞추고 자원 소비의 영향과 자원 소비로 인한 환경 재앙에는 더 초점을 맞춘다. 가장 일반적인 의미에서의 '지속가능성'은 천연자원에 대한 특정 활동, 과정, 이용에 지속적으로 관여할 수 있는 장기적 능력을 가리킨다. 이 담론은 '다목적-지속수확(multiple-use-sustained-yield)'이 여러 천연자원 관리 시스템의 원칙이 되고 유엔의 여러 초창기 회의가 발전 목표를 명확히 밝히기 시작했던 1970년대 미국에서 처음 세력을 얻었다. 하지만 국제 사회는 1992년 리우데자네이루에서 열린 유엔환경개발회의(리우회의)에서 SD를 받아들여, 리우선언과 아젠다 21에 포함시켰다.

지속가능성 담론은 SESs에 관한 근본 가정—무엇보다도 기후변화의 측면에서 생태주의자가 지구의 복잡한 시스템을 인식하는 방식과 더는 부합하지 않는 가정-에 기초한다. 2012년 여름 유엔은 지구정상회담 이후 20년의 시간이 흐른 사정을 반영하여 '리우 +20'회의를 개최했다. 당시 유엔환경계획(UN Environment Program)의 글로벌 전망(Global Outlook) 보고서는 "현재의 천연자원 생산 및 소비양식이 널리 유행하여 그 흐름을 역전시키거나 '탈동조화시킬 수 없다면', 각국 정부는 전례 없는 수준의 피해와 퇴화를 겪게 될 것"이라고 경고했다. 지속가능성은 그 정의상 인간이 유지할 수 있는 SESs의 바람직한 상태가 있다고 가정한다. 아무리 좋게 생각해도 의심스러울 수밖에 없는 가정이다. 사실, 목표에 기반을 둔 SD의 개념은 기후변화가 전면에 부각되기 이전부터 달성하기 힘든 것으로 판명되었다.

이런 사실들을 고려하며 지속가능성 목표와 SDGs가 인류세에서 실제로 무엇을 가정하는지 분명하게 밝히는 것이 중요하다. 인류세에서 지속가능성을 추구하는 사람은 다음과 같이 주장한다. 우리는 복잡하게 변화하는 세계를 잘 이해하고 있다. 그래서 생태계가 완벽하게 예측할 수 없을 정도로 다양한 규모로 변화하고 있지만, 우리는 상당한 규모로 꾸준히 증가하는 인구를 위해 건강한 자연 시스템에서 나타나는 환경 쾌적성(environmental amenities)을 훼손함 없이 지속적 경제발전과 사회개선을 성공적으로 추구해나갈 수 있다. 하지만 이것은 극히 의심스러운 주장이다. 생태 현실이 아니라 사회적 자만심에 근거를 둔 주장일 뿐이다.

2. 지속가능발전을 둘러싼 환경, 사회, 경제의 관계에 대한 세 모델[10)]

(1) 세 개의 기둥 모델

지속가능성은 더러 생태적 지속가능성으로 해석되긴 하지만, 사회적, 경제적 차원과도 연관이 깊다. SD의 세 축은 흔히 환경적, 사회적, 경제적 축으로 기술되고 있다. 그러나 이런

---

10) Benson et al.(2017: 33-47)을 축약한 것임.

식의 서술은 세 가지 차원 간의 관계에 대해서 오도된 설명을 제공하는 것이다. 이 가정들이 얼마나 다른가는 SD에 대한 세 가지 모델에 관한 시각적 묘사를 보면 분명히 알 수 있다. 여기서 세 가지 모델은 '세 개의 기둥 모델', '중첩된 원 모델', '내포된 영역 모델'을 말하는데, 이들은 사회와 사회복지, 환경, 경제발전 사이의 관계에 관한 상이한 세 가지 문화적 담론을 효과적으로 만들어내고 묘사한다.

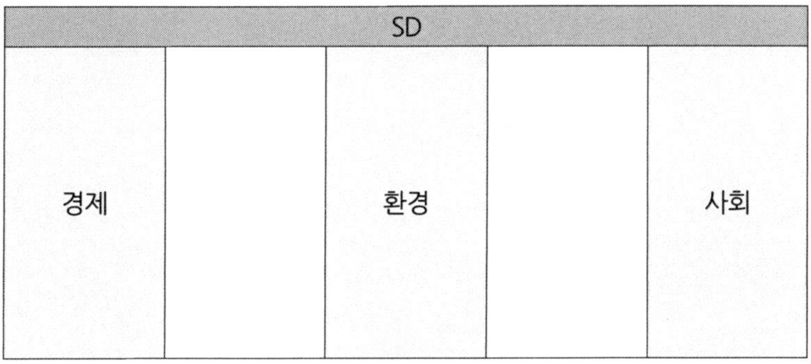

〈그림 1〉 SD에 관한 세 개의 기둥 모델

세 개의 기둥 모델(<그림 1>)은 SD를 달성하기 위해서 "사회, 생태, 경제 시스템을 함께 동등하게 고려할 필요가 있음"을 보여주지만, 이들 세 개의 사이의 상호 연관관계를 명확하게 설명해주지는 않는다. 여기서 경제, 환경, 사회라는 세 개의 기둥은 서로 독립적으로 존재하는 가운데 동등하게 SD의 토대를 이루는 것으로 묘사된다. 이 모델은 기둥 사이의 연관관계와 상반관계를 무시한다. 또한 환경은 거의 언제나 가운데 기둥이다. 환경이 제거된다 해도 SD는 경제와 사회라는 나머지

두 기둥에 의해 지탱될 수 있다는 것을 암시한다.

세 개의 기둥 모델은 SD 전반은 물론이고 경제발전과 사회복지가 재화와 서비스를 지속적으로 전달할 수 있는, 올바르게 기능하는 생태계에 의존한다는 사실을 인정하지 않는다. 달리 말해, 세 개의 기둥 모델은 사회 시스템과 경제 시스템이 환경과는 별개로 존재하고 작동할 수 있다는 담론을 영구화한다. 사실, 이 모델에 관한 대부분의 묘사는 환경이라는 기둥이 가운데 있는 이차원적 묘사다. 이렇게 세 개의 기둥 모델은 모든 사회 시스템과 경제 시스템은 환경에 의존한다는, 대단히 현실적이고 중요한 사실을—의도하지 않았을 테지만, 지극히 교묘한 방법으로—훼손하는 담론을 담고 있다.

(2) 중첩된 원 모델

세 개의 기둥 모델과 달리, SD에 관한 중첩된 원 모델(<그림 2>)은 더 명확하게 '전통적인 규율상의 경계와 기존 정책결정 부서를 가로지르며 SD의 사고와 행동을 통합시킬 필요성'을 이야기한다. SD에 관한 이 묘사는 환경, 경제, 사회 발전이라는 세 가지 요소가 상호작용한다는 것, 가운데 '3중 중첩 영역(sweet spot)'을 달성하기 위해서는 상반관계가 있을 수 있다는 것을 인정한다. 이 모델에서는 그 어디에도 잘못된 점이 없다.

실제로 IUCN은 2005~2008년 프로그램에서 "경제, 사회, 환경이라는 세 영역이 더욱 긴밀하게 통합되어야 할 필요가 있음을 입증하기 위해 중첩된 원 모델을 채택하여, 지속가능성의 여러 차원 사이의 균형을 회복하는 조치를 취했다." 가운데 3중 중첩 영역은 경제, 사회, 환경이라는 세 가지 영역의 목표가 최대화되는 영역, 즉 세 가지 영역에서 '상호지지적 이득('윈-윈-윈')이 동시에 발생할 가능성'을 나타낸다. 한편 "전체 영역에 비해 중첩된 영역이 작다는 것은 많은 활동의 지속불가능한 속성을 보여주지만, 발상을 바꾸면 중첩된 영역은 확대될 잠재력이 있다고 해석할 수도 있다."

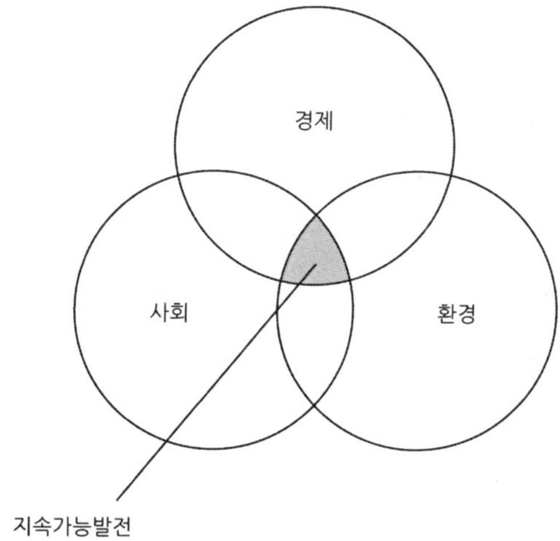

〈그림 2〉 SD에 관한 중첩된 원 모델

중첩된 원 모델에서 중요하지만 종종 간과되는 측면은 상반관계라는 개념이다. 진정한 SD를 나타내는 '가운데 3중 중첩 영역'은 세 가지 영역 사이의 수많은 상반관계의 산물이다. 이것은 '한꺼번에 하기(have it all)' 사고방식보다는 균형을 추구하려는 사고방식이 절대적으로 필요하다는 것을 의미한다. 그래서 중첩된 원 모델은 SD가 시스템적 사고방식—사회개선, 경제발전, 환경은 고립된 영역으로서가 아니라, 복잡하게 상호작용하는 영역으로서 존재한다는 것을 인정하는 접근법—을 필요로 한다는 함의를 갖는다. 예컨대 IUCN은 SD의 '두 가지 근본 문제', 즉 경제성장에는 환경악화가 뒤따르기 마련이라는 문제와 빈곤을 완화시키려면 경제성장이 필요하다는 문제를 확인하고 있다.

세 개의 기둥 모델이 그렇듯, 중첩된 원 모델은 세 가지 영역(사회, 경제, 환경)을 동등하고 같은 잣대로 측정할 수 있다고 개념화한다. 다시 말해, 한 영역에서의 발전(이를테면 경제발전)을 다른 영역(이를테면 환경)에서의 악화와 바꿀 수 있는 인간의 능력에는 한계가 없다고 본다. 그래서 세 개의 기둥 모델과 마찬가지로 중첩된 원 모델 역시 인간 존재의 환경 '최저선'을 훼손하는 약한 지속가능성 접근법을 (또 한 번 교묘하게) 지지한다.

(3) 내포된 영역 모델

환경적 한계는 SD의 세 번째 모델, 내포된 영역 모델(<그림 3>)에서도 나타난다. 이 모델에서는 "생태라는 더 큰 원에는 경제를 나타내는 원과 사회를 나타내는 원이 포함되는데," 그 밑바탕에는 "환경적 한계가 지속가능 사회와 경제를 추구할 때의 경계선을 정한다는 인식"이 깔려 있다.

이 모델은 "자연 시스템의 작동에 해를 끼치는 활동은 궁극적으로 인간 존재 자체의 토대를 약화시킨다"는 것을 인정한다. 내포된 영역 모델 담론은 SD의 사회적, 경제적 목표는 궁극적으로 적게는 중요한 자연자본, 더 넓게는 생태계 재화와 서비스를 제공하는, 풍부하고 잘 작동하는 환경에 좌우된다는 사실을 강조한다. 이 모델은 경제와 사회가 환경이라는 제약 조건 안에 놓여 있으므로, 경제적, 사회적 목표를 달성하는 데서 자연 시스템이 중요하다는 것을 보여준다. 경제활동과 사회활동의 지주 역할을 하고 잘 작동하는 환경을 유지해야 최상의 사회적 성과를 거둘 수 있다는 것이다.

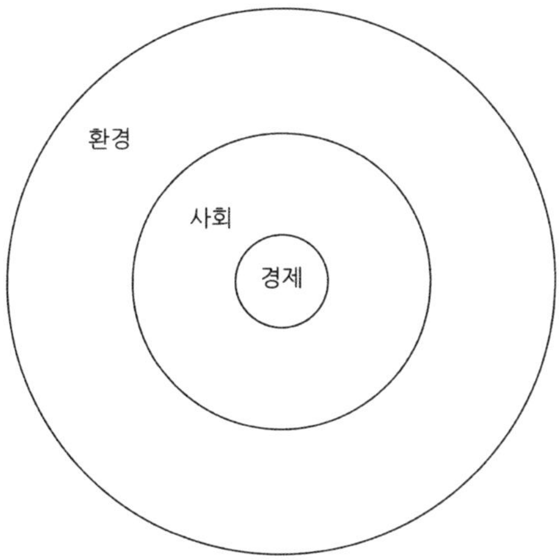

〈그림 3〉 SD에 관한 내포된 영역 모델

공교롭게도 이런 내포된 영역들은 한국에서는 찾아보기 힘들다. 우리나라에 현존하는 SD 담론은 발전에 한계가 있을 가능성을 진지하게 고민하지 않는다. 따라서 발전의 한계 앞에서 SDGs를 어떻게 추구해야 하는지, 또는 생태적 한계로 인해 모든 바람직한 성과(지속적 발전, 빈곤의 완화, 번영의 증진, 환경의 보호와 회복)를 동시에 달성하기가 불가능할 때는, 목표의 우선순위를 어떻게 정해야 하는지를 설명하지 않는다. 그러나 인류세가 시작되었고, 주요 SD 담론의 실현가능성에는 의문이 제기되고 있다. 불가피한 상반관계를 무시할 뿐더러, 인간 문명의 발전이 필연적 쇠퇴에 직면하고 있다는 사실을 깊게 생각하지 않았기 때문이다.

3. 회복력과 먹거리

필자는 SD에 대한 대안을 회복력의 관점에서 찾고자 한다. 지속가능성을 먹거리에 적용한 '지속가능한 먹거리'라는 개념은 인구증가를 능가하는 먹거리 증산의 이미지만 설파할 뿐, 현재의 기후위기와 감염병 창궐의 한가운데에 있는 SESs의 먹거리 안전을 보장하지 못한다고 생각한다. 그렇다면 회복력 있는 먹거리의 확보를 논구하기에 앞서, 회복력 자체의 개념적 논의를 소개하도록 한다.

(1) 회복력과 트릭스터[11]

인류세 생태계와의 관계에서 인간은 그렇게 중요하지도, 전능하지도 않은 행위자이다. 인간은 제한된 행위자로서 지구 위에 존재하기 때문에, 불확실성과 놀라움 속의 '트릭스터'[12]

11) Benson et al.(2017: 48-57)을 축약한 것임

12) 트릭스터는 도덕과 관습을 무시하고 사회 질서를 어지럽히는 장난꾸러기 같은 존재를 가리킨다. 트릭스터는 영리하면서 동시에 교활하기도 하며, 혼돈을 만들어내는 것을 좋아하고, 때로는 악의를 가지고 행동하지만, 결국에는 좋은 결과로 나타날 때가 많다. 사회에 반항하고 질서를

라는 문화적 담론과 생태적 회복력이라는 과학적 이론을 필요로 한다. 현재의 관행적 환경정책은 모든 영향들이 역전 가능하고, 모든 손상된 생태계가 회복될 수 있다는 지나치게 단순화된 자연 시스템의 관점에 근거해 있다. 따라서 회복력의 패러다임은 SESs가 어떻게 전통적인 기계론적 정상(steady-state) 상태 모델을 뛰어넘어 기능하는가에 대해 좀 더 완결된 과학적 접근을 제공할 수 있다.

회복력 이론은 기후변화 및 인류가 만든 다른 스트레스 요인과의 시너지화된 상호작용으로부터 귀결되는 가속화된 변동에 더 잘 대처하게 돕는다. 그러나 한국이든 서구든 회복력 이론의 과학 프레임워크는 현재의 지배적 문화 아래서는 이와 유사한 논리를 법률, 경영으로 촉진시키는 데 필요한 공감적 문화 담론을 결여하고 있다. 여기서는 이런 문화적 담론의 격차를 메꾸는 수단으로서, 아메리카 원주민 문화에 존재하는 '트릭스터'에 대해 알아보도록 한다. 트릭스터는 정상생활을 장난스럽게 균열시키고 그것을 새로운 기초 위에 재확립하는 역할을 수행한다.

홀링(Holling) 등 회복력 이론가들은 이미 회복력 이론의 자연체계에 대한 담론과 파나키(panarchy) 개념[13]의 트릭스터와

깨뜨리려면 당연히 머리가 좋아야 하기 때문에 세계관 내에서 지적 능력이 최고인 경우가 많다. 이야기에 파란을 일으키는 행동으로는 도둑질이나 주인공에게 장난을 치는 패턴이 많은 게 특징이다. 트릭스터가 등장하는 세계관이면 십중팔구 그 트릭스터가 없었으면 이야기 시작이 안 됐을 정도로 사건의 기폭제 역할을 한다. 나무위키 참조.

13) 파나키(Panarchy)는 보다 큰 생태계와 그 하위의 생태계가 서로 연결되어 있는 상태를 표현하는 생태 용어이다. 일반적으로 위계(hierarchy)는 위에서 아래로 영향을 준다는 하향식 세력 흐름의 느낌이 강하기 때문에, 보다 큰 생태계와 그 하위의 생태계는 상호간의 영향을 주고받는다

의 연계에 대해 인지하고 있었다. 홀링 등은 SESs의 복합적이고 역동적인 놀라운 관계들을 묘사하기 위해, 그리스 트릭스터 신인 판(Pan)을 좇아 파나키라는 용어를 주조했다. 회복력이 인류세를 위한 효과적인 문화담론이 되기 위해서는, 이러한 이론의 측면을 포용하고 기후변화에 대응하는 트릭스터 자체의 필요성을 인정해야 한다.

인류세로 통칭되는 산업혁명 이후 기술만능주의 서구문명의 시대는 인간이 SESs를 통제한다고 계속 믿고 싶어해 왔다. 트릭스터는 지속적이고 가속화되는 생태 변동에 직면하여 유연하게 회복을 지향하는 새로운 탄력적 비전을 제공한다. 트릭스터라는 문화적 담론처럼, 회복력 접근 또한 인간이 '자연의 균형'과 생태적 정태성이라는 초기의 과학적 프레임워크에서 벗어나 자신과 자연의 관계를 어떻게 바라봐야 하는가 하는 관점을 변화시킨다. 회복력 관점을 환경 법제나 환경정책 차원에 적용한다면, 국가 및 지역사회 수준에서 사실상 미래의 인간발전 옵션을 제한하는 지속적이고 예측 불가능한 변동에 더욱 생산적으로 개입하는 협치 도구를 리프레이밍(reframing)할 수 있다.

여기에서 기술되는 회복력 이론은 홀링학파의 '생태적 회복력' 개념에 근거한 시스템 관점에 의거해 있다. 이 책에서는 이를 홀링의 '사회생태적 회복력 학파'로 부르는데, 왜냐하면 이 시각이 복합적 SESs로 알려진 생태계 및 사회체계의 동학을 특징짓는 데 흔히 사용되기 때문이다. 사람들은 일반적으

는 점을 강조하고자 홀링에 의해 제안된 개념이다. 대한민국 정책브리핑(www.korea.kr) 참조.

로 이전 형태나 존재의 상태를 회복하도록 충격과 방해를 견딜 수 있거나, 그것으로부터 급속히 되튈 수 있다면 회복력이 있다고 여긴다. 회복력 이론은 이러한 되튀는 종류의 회복력을 충격 또는 방해를 필연적으로 무시하거나 떨쳐버릴 수 있는 체계의 역량인 공학적 회복력으로 부른다.

공학적 회복력은 건축가가 지진에 견디게끔 대도시 마천루를 설계하거나 공학자가 홍수에 견딜 수 있도록 하천 교량을 설계할 때처럼 공학 자체에도 분명히 중요하다. 그렇지만 이것은 또한 비극으로부터 되튀는 사람들, 지진 이후의 후쿠시마 주민들처럼 자연재해 이후 복구하는 지역사회, 그리고 화재나 홍수로부터 회복하는 생태계와 연계하여 자주 소환되기도 한다. 공학적 회복력은 생태계와 SESs에서 중요한 개념이다. 대부분의 복합적 체계가 공학적 회복력을 드러낸다는 사실은, 자연에 대한 기계론적 모델에 기초한 환경 및 자연자원법이 왜 오랫동안 작동해 왔는가를 알려주는 하나의 단서가 된다. 물론 SESs의 기계론적 모델은 작동하더라도 단지 소규모, 단기의 상대적으로 안정적인 생태 조건에서만 작동한다는 데 유념할 필요가 있다.

지금까지 트릭스터 이야기의 힘에 대해 논의했는데, 기후위기 또한 변동의 에이전시(agency)로서 트릭스터의 체현이라고 프레이밍(framing)하고자 한다. 그런데 트릭스터 이야기가 기후변화에 대응하기 위해 채택하는 유용한 문화적 담론이긴 하지만, 이것은 환경 및 자연자원 법, 정책에 대한 새로운 접근을 조작화하기보다는 단지 맥락화할 뿐이다. 회복력 이론은 조작적 목적을 위해 자연체계의 변동을 설명하고 이에 대처하는 프레임워크를 제공하는 동시에, 새로운 시대에 대한 더욱 더 생산적인 법적, 정책적 접근을 제안할 수 있다(Benson et al., 2017: 56).

(2) 회복력 지표와 도시 회복력 틀

다음으로 먹거리 회복력을 구체적으로 살피기에 앞서, SDGs의 대안으로 대두해 온 도시관리의 회복력 지표 구성에 대해 살펴본다. 먼저 록펠러재단이 지원하는 전 세계 100개 회복력 도시(Resilient Cities)가 도시관리 지침으로 삼는 전략적 로드맵의 기준은 <상자 1>과 같다.

외국의 선행 연구 가운데 빅스 외(Biggs et al. 2015)는 생태적 회복력을 갖춘 도시의 특성으로 첫째 다양성과 잉여의 유지, 둘째 연계성 관리, 셋째 정상(定常)상태의 변수 및 피드백의 관리, 넷째 복합적 적응을 위한 체계적 사고의 증진, 다섯째 학습에 대한 격려, 여섯째 참여의 확장, 일곱째 다중심적 거버넌스 체계의 증진 등을 제시한다. 비슷한 흐름에서 워커 등(Walker et al, 2006)에 따르면, 회복력을 갖춘 도시가 존중하는 가치들은 다양성, 생태적 변이, 모듈화, 느린 변수의 인정, 견고한 피드백, 사회자본, 혁신, 중층적 거버넌스, 생태계 서비스 등 9가지로 정리할 수 있다.

이때 다양성이란 환경적 차원의 회복력 도시가 모든 형태의 생물적, 지리적, 사회경제적 다양성을 증진하고 지탱함을 가리킨다. 또한 회복력 도시는 생태적 변이를 통제, 감소시키려 하기보다 이를 수용하여 생태계 변동과 공동보조를 맞춘다. 그리고 모듈화란 한 구성요소가 나머지 모든 구성요소와 연결될 필요는 없다는 전제 아래, 과잉연결 시스템 대신 자율적 모듈 단위의 유지를 강조하는 개념이다. 한편 느린 변수의 인정은 도시내 SESs의 붕괴를 방지하는 임계점(threshold) 관리를 통해 교란을 좀 더 많이 흡수함으로서 바람직한 시스템

〈상자 1〉 회복력 도시의 전략적 로드맵 기준

- 1단계 : 회복력 정의하기
  - 중앙정부 및 지자체 정책에서 회복력 지표가 의사결정이나 솔루션 디자인에서 어떻게 실행 가능할 것인지를 조작적으로 정의함.
  - 회복력의 비전을 성취하기 위해 달성되어야 할 특정 조건, 구체적 노력, 필요 조직들을 식별함.

- 2단계 : 회복력 있는 도시의 현재 수준 이해하기
  - 기술적, 법제적 수준을 포함하여 지자체가 갖고 있는 회복력의 현재 실태와 미래 비전을 관련 지표의 모의분석에 의거해 숙지, 공유함.
  - 기후위기 등 생태사회적 재난이 갖고 올 충격이나 긴장에 대비하여 정부 및 회복력 거버넌스(지자체와 지역사회 공동체 간)가 준비해야 할 행동지침을 제안함.

- 3단계 : 회복력 개입을 위한 우선순위 지역 선정
  - 기존 주거지, 신시가지의 모든 우선순위 지역에서 기후 회복력, 미세먼지 회복력, 폐기물 회복력 등 하위 분야별로 생태적 회복력의 개선을 꾀함.

- 4단계 : 회복력을 재정 계획과정으로 구체화하는 행동계획 마련
  - 도시 회복력 사정(assessment)은 지방재정의 전략과 절차를 개선하는 과정과 통합되어야 함.
  - 기술적, 제도적, 재정적 전략 수립을 통해 도시 회복력에 대한 모니터링 체계를 갖춤

의 공간을 좀 더 넓힐 수 있다.

아울러 견고한 피드백이란 문턱을 넘어서기 전에 그것을 알아차릴 수 있는 환류과정으로서 도시침수, 기후위기 등을 방지하는 효과를 지니며, 사회자본은 도시 내 구성원 간 신뢰, 잘 형성된 사회관계망, 적응적 지도력의 증진과 관련된다. 이와 함께 혁신이란 회복력 도시에서의 새로운 학습, 실험을 통한 자체적 규칙 설정과 변화 수용을 가리키며, 중층적 거버넌스는 지자체의 현행 위원회들과 같은 중복된 기능이 없는 하향식 거버넌스보다는 공적 영역(public)과 공동체(commons)[14)]간의 공유(共有) 접근을 강조한다. 끝으로 생태계 서비스란 사회체계가 생태계에 행하는 자원관리의 대가로, 자연생태계가 인간 사회의 쾌적한 도시를 지속가능하게 만드는 각종 서비스이다.

현재 세계적으로 알려진 회복력 지표로는 록펠러재단이 2015년에 공표한 도시 회복력 틀(City Resilience Framework; 이하 CRF)이 대표적이다.[15)] 록펠러재단은 도시 회복력을 "도시에 거주하며 일하는 사람들이 직면하는 긴장이나 충격에 상관없이 생존하고 번영하기 위해 기능하는 도시의 역량"으로 정의한다. CRF 가운데 생태적 회복력과 관련된 목표는 첫째 노출 및 균열의 감소, 둘째 핵심 서비스의 효과적 공급, 셋째

---

14) 커먼즈(commons)는 공동자산, 공동공간 등으로 번역되나 공동체 자체를 의미할 수도 있다. 커먼즈의 과정인 커머닝(commoning)은 공동관리, 커먼즈의 주체인 커머너(commoner)는 공동관리자로 해석된다.

15) Rockefeller Foundation(2015), "City Resilience Framework" (https://assets.rockefellerfoundation/app/uploads/20140410162455/City-Resilience–Framework- 2015.pdf).

신뢰할만한 커뮤니케이션 및 모빌리티로 구성되어 있다. 각 목표별로 구성 가능한 지표들은 첫째의 경우 환경 지킴이 정신(stewardship), 적절한 인프라, 효과적인 토지이용계획, 계획 규제의 실행 등이다. 둘째의 경우에는 다양한 공급과 적극적 관리, 생태계 인프라의 유지, 우발적(contingent) 계획 등이고, 셋째는 다양하고 풍부한 다중모드 교통체계 및 ICT 망 등이다.

(3) 먹거리의 회복력을 위하여

이해진(2019: 86-87)은 먹거리 체계 회복력을 '먹거리 위험과 재난에 대응하고 변혁하는 과정을 통해 먹거리 체계의 전환을 가능케 하는 역량'이라고 정의한다. 이러한 먹거리 회복력은 농업이 기후변화 같은 위기에 효과적으로 대응하는 데 필요한 잠재력을 제공해 준다. 먹거리 시스템의 회복력은 농업 체계에서의 회복 역량뿐 아니라 자연, 소비, 생산의 연결, 지식과 권력의 배분, 규제와 조정, 분권화, 거버넌스 문제에도 적용할 수 있다.

호주에서 발생한 홍수피해에 대응한 먹거리 시스템의 회복력을 검토한 스미스 외(Smith et al. 2016; 이해진, 2019: 86-87에서 재인용)는 스케일(scale)[16], 다양성, 대응력, 결속력의 요인을 중심으로 회복력에 접근하고 있다. 이런 회복력 지표들을 먹거리 체계에 적용해 보면, 다양성은 극소수의 중심에 의존하지 않는 다원적이고 분산된 네트워크의 작동을 가리킨다.

16) 스케일은 규모로도 번역되나, 여기서는 지리학에서의 축척을 의미하는 것으로 몸에서부터 지역사회, 국가, 지구 등 다양한 지리적 단위에 걸쳐 있다.

또 대응력을 포함하는 회복력은 직거래와 같은 짧은 먹거리 사슬과 결합된 수평적이고 분권화된 통합에 의해 촉진된다. 한편 결속력이라는 먹거리 회복력은 위기 상황에서 정보의 공유와 협력을 통해 유연성을 확보하여 먹거리 체계를 복구하는 데 기여할 수 있다.

끝으로 4장에서도 구체화하겠지만, 먹거리 회복력이 이 책의 주제인 먹거리 안전에 대해 갖는 함의를 따져 보면 다음과 같다. 먹거리의 지속적 회복가능성은 도시텃밭을 포함한 농업의 생태적 순환을 진작함으로서 가능해 질 것이다. 이는 고령화시대 베이비부머 등의 귀촌 등을 통해 농업 사회적 경제 영역에서의 노동력을 창출함으로써, 4차 산업혁명에 즈음한 일자리 부족 해결에도 기여할 수 있다. 즉 먹거리 회복력이 인간-동물-식물-미생물 간 역동적인 순환관계를 촉진함으로써, 생태계에 대한 인위개변적 먹거리 정책에서 벗어나는 것이 핵심이라고 하겠다.

나아가 정의로운 회복력(just resilience)이라는 측면에서 본다면, '입은 하나다'라는 원 헬스의 원칙 아래, 부동산 투기 등 자연의 상품화에 따른 양극화에 대응하여 공평한 먹거리를 통한 도농 균형, 도시 내 투기적 유휴지의 해소 등이 매우 중요하다. 다음 장부터 다루겠지만 먹거리 회복력을 위협하는 먹거리 불안은 빈곤문제라는 사회문제와 긴밀히 연결되어 있으며, 생태위기라는 생태사회적 현안과도 착종되어 있다. 먹거리의 무분별한 산업화로 인한 안전한 먹거리의 실종은 이 책의 주된 관심인 먹거리 안전이 먹거리 회복력이라는 SESs 차원에 종속되는 문제임을 일깨워 준다.

〈생각해 봅시다〉

1. UN 등이 권고하는 지속가능발전 목표는 자본주의 시장 제도 아래서의 지속적인 경제성장이 사회적 공평성이나 생태계의 역동적 보전과 조화가 가능하다고 전제하는 경향이 있다. 그렇다면 지속가능발전 목표를 성취했을 때, 과연 확실한 먹거리 안전이 보장될 수 있을까?

2. 경제성장에 필요한 축산 및 농업, 공장 용도의 야생 파괴는 기후위기와 신종 감염병 발생의 원인 가운데 하나이다. 이러한 문명의 위기에 대응하여 환경문제의 저감을 위한 탈성장이 필요하다는 주장에 대한 생각은?

3. 회복력의 관점은 먹거리 안전에 어떤 실제적 유용성이 있을까?

|제3장|

먹거리/먹거리 체계의 사회학

1. 사회문화 현상으로서의 먹거리

(1) 기아와 먹거리

지금까지의 역사에서 인간이 먹거리에서 얻어내는 것보다 그것을 취득하는 데 더 많은 에너지를 썼다면 종국적으로는 굶어 죽었을 것이다. 그런데 화석연료 시대인 인류세 이후에는 인간이 먹거리 생산에 사용하는 에너지의 양은 먹거리에서 얻어내는 에너지를 능가하기 시작했다(Fitzpatrick, 2014). 그런데도 굶주림은 오랜 역사를 갖는다. 기근은 성경에도 기록되어 있고, 선사시대 인류가 수없이 경험했던 일이다. 유럽인의 뇌리에는 19세기 아일랜드 기근으로 적어도 1백만 명이 죽고 2백만 명이 이민에 나선 기억이 남아 있다.

네일러(Naylor, 2009: 263)에 의하면, 지난 50년간 세계의 많은 지역에서 먹거리 체계의 생산성이 성장했음에도 불구하고

8억 이상의 사람들이 아직도 만성적 기아에 시달리고 있다. UN 식량농업기구는 2012년 현재 지구 상 71억 인구 중 8억7천만 명이 영양실조 상태라고 추정했다. 그 중 대다수인 8억5천2백만 명은 발전도상국에 살고 있는데, 해당 국가들 인구의 15%에 해당하는 규모이다. 지난 20년 동안 아시아 태평양 지역 및 중남미의 영양실조 인구 비율은 감소했지만, 아프리카의 경우에는 식량생산이 늘어났음에도 불구하고 그 폭이 인구증가의 폭에 미치지 못해 상황이 악화돼 왔다(Lumb, 2014: 9-10).

그 결과, 같은 기간 아프리카에서 기아 인구 비율은 거의 25%나 늘어났다. 1984년 이디오피아 기근으로 90만 명으로 추정되는 사람들이 사망했는데, 사망자의 대부분은 빈곤층이었다. 1960년 이후 전 세계에서 사용되는 토지의 양은 겨우 8% 늘어났지만, 농업방식 개량에 따라 먹을거리 공급은 170%나 증가했다. 오늘날 전 세계 곡물생산 평균은 1인당 1일 1kg으로, 현재의 지구 인구를 먹여 살리기에 충분한 양이다. 그렇지만 식량농업기구는 인구성장 및 먹거리 선호변동에 보조를 맞추려면, 2050년까지 식량 생산이 70% 정도 증가해야 한다고 예측하고 있다.

오펜랜더(Oppenlander, 2013: XX)는 2050년의 세계 예상 인구 90억 명 중 20억 명이 기아의 영향을 받으리라 추정되는 상황과 관련해, 어떻게 이들을 먹여 살릴 것인가에 대한 관심을 촉구한다. 세계은행의 농업 및 농촌개발 디렉터인 푀겔은 “우리가 2050년에 세계 인구 90억 명을 먹여 살릴 수는 있겠지만, 이것에는 농업(연구 및 개발)에 대한 매우 의미 있는 투자와 농업 전반의 생산성 증가를 필요로 할 것이다”라고 언급했다.

일리가 없지는 않은 말이지만, 우리가 소비하는 먹거리의 유형을 변화시키지 않고는 쉽게 달성될 수 없는 목표라는 예측도 존재한다.

우리는 신기술의 적용으로 먹거리 공급이 늘어났을 때조차 기아가 증가했다는 데 주목해야 한다. 2차 대전 이후의 '녹색혁명'은 먹거리 생산이 늘어나지 않으면 증가하는 인구를 먹여 살릴 수 없다는 두려움에서 비롯되었다. 그리하여 식물들이 광합성을 더 빨리하고, 줄기나 잎보다 열매의 생산에 더 많은 에너지를 투입하는 다양한 종자가 개발되었다. 그런데 이 종자들은 더 많은 물과 화학비료, 살충제를 필요로 했다.

녹색혁명은 먹거리 생산을 증대시키는 한편으로 다른 방식의 재앙을 가져왔다. 1970-90년 사이 전 세계에 걸쳐 1인당 가용한 먹거리가 늘어나는 와중에서 기아인구 숫자 또한 상승했다. 예컨대 곡물 수입국이었던 인도는 기아와 영양실조가 증가하는 가운데서 곡물 수출국으로 탈바꿈했고, 그 과정에서 기계화와 같은 신기술이 특히 소규모 농민들을 농촌에서 축출했다. 결과적으로 인도에서는 농촌 인구의 희생 아래서 도시빈곤층에게 낮은 가격의 먹을거리 공급이 가능해지게 되었다. 그렇지만 이런 변화에도 불구하고 여전히 소규모의 농민이 세계 인구를 먹여 살리는 먹거리의 대부분을 생산하고 있다. 결국 미래의 먹거리 가용성도 적절한 물과 토양 영양을 지닌 토지에 접근할 수 있는 소규모의 농민들에 달려 있다.

그런데 모든 사람이 먹기에 충분한 양 이상의 먹거리를 생산할 수 있다는 것이 모든 사람이 먹을 수 있다는 사실을 보증하지는 않는다. 전반적으로 볼 때 그 동안에도 부적정한 먹거리 생산이 기아와 영양실조의 원인은 아니었다. 먹거리는 많이 생산할 수 있겠지만, 정작 중요한 것은 그 접근성이다. 경제적 요소도 먹을거리 분배에 큰 역할을 차지한다. 기아 문제를 해결하기 위해서는 정치지도자, 시민사회 지도자가 국내외적으로 필히 불평등에 대처해야 한다. 극빈층에게 기아는 빈곤과 살림살이 결핍의 중요한 표지이다. 2011년 현재 미국 국민의 1/7은 보충영양부조프로그램(Supplemental Nutrition Assistance Program)을 지원 받고 있다. 이런 지원이 없다면 이들은 굶주림에 시달리겠지만, 그 이유가 먹거리 부족 때문은 아니다.

기아를 해결하기 위한 가장 큰 과제는 농촌과 도시 모두에서 회복력 있는 살림살이를 보증하는 것이다. 빈곤층은 먹거리를 사거나 땅을 취득할 자원을 갖고 있지 않기에, 빈곤과 기아는 상호 관련되어 있다. 기아에 따른 취약한 건강, 낮은 에너지, 정신의 손상은 인간의 노동능력을 감축시켜 결국 빈곤을 악화시킨다. 다른 한편으로 기후변화가 먹거리 체계에 중요한 영향을 미치는데, 긍정적인 몇 가지를 빼고는 부정적인 효과들이 대부분이다. 기후변화 효과는 먹거리 불안정의 근원인 기존의 부와 자연 자원의 불균등 분배를 더욱 악화시킨다.

IPCC의 2013-14 보고서는 기후변화에 반응해야 할 시간이 바로 지금이라고 강조한다. 필요하고 피할 수 없는 변화를 꾀하는 데 드는 시간이 오래 걸릴수록, 비용이 더 많이 들고 성공의 확률은 더 낮아지기 때문이다(Lumb, 2014: 7). 깨어 있는 시민들만이 제대로 준비해서 필요한 변화를 이루어낼 수 있을 것이다. 지구의 토지표면 면적은 360억 에이커에 달하지만, 경작에 적합한 농업용 면적은 80억 에이커에 불과하다. 먹거리의 분배는 얼마나 많이 생산되는가에 상관없이 토지, 물, 그리고 먹거리에 대한 사회정치적 통제에 좌우된다. 초국적기업의 역할은 어떠한가? 누가 토지, 물, 종자, 먹거리 가격, 먹거리 분배 등을 통제하는가? 지구 자원을 평등하게 관리하기 위해 필요한 국제법, 협약 및 규제는 어떻게 발전되어 왔을까?

먼저 초국적기업에 의한 토지, 물, 그리고 종자의 통제는 전 세계에 걸친 먹거리의 생산 및 분배에 유의미한 영향을 끼친다. 농업의 산업화는 화학비료나 종자 등 농업 투입을 제공하는 대기업 간 집적과 협력을 초래했다. 미국에서는 몬산토, 듀퐁과 신젠타(Syngenta)라는 세 회사가 화학비료 및 종자 시장의 절반 이상을 장악하고 있다. 한편 물은 공기처럼 생명을 유지하는 데 꼭 필요한 핵심 요소이면서 먹거리 생산, 에너지 발생 및 모든 경제활동에서 불가결한 자원이다. 이윤 추구를 위한 물의 소유와 사용은 이윤과 공공재 간의 근본적 이해 갈등을 드러낸다. 깨끗하고 신선한 물에 대한 접근이 기본적 인권임은 두말할 필요 없다. 미국의 물권리법은 유럽의 소유 및 영토 개념 아래서 두 개의 구별되는 시스템으로 발전되었다. 초기의 동부 미국 정착 시기에는 아메리카 원주민으로부터 수용된 토지는 사유 재산으로 인정받았다. 당시만 해도 하천과 강들이 충분했다.

지구 자원은 유한하다. 인간과 모든 생명체의 생존수단인 먹거리 또한 무한하지 않다. 많은 과학자들, 미래학자들은 오늘날 직면한 가장 중요한 이슈로 경제 몰락, 환경 붕괴, 사회 무질서 등 세 가지를 꼽고 있다. 이제 우리는 기후변화를 낳는 온실가스 그 자체뿐 아니라, 그것이 왜 일어나는가에 대한 의

식과 그 해결을 위한 적절한 계획이 없다는 사실에 집중해야 한다. 아쉽게도 연구자들은 위의 세 가지 쟁점이 공통분모인 먹거리 선택(food choice)에 의해 가속화되어 온 점에 주목하지 못하고 있다. 우리가 먹는 것은 건강 및 환경의 붕괴라는 모든 지구적 결핍 영역에 영향을 미치며, 그 과정이 시작되기만 하면 경제적 불안정과 사회적 불안이 뒤따른다. 최근의 예로는 2010-11년 북아프리카와 중동의 물 부족에 따른 먹거리 가격 상승과 기후변화의 효과 상승을 들 수 있다(Oppenlander, 2013: XX).

궁극적으로 인류는 국가의 부강함을 경제, 정치, 군사력 등이 아닌, 환경지지 시스템과 관리방식 측면에서의 자연자원으로 측정하게 될 것이다. 따라서 다른 영역의 기술을 위한 연구개발 지출보다는, 가장 건강한 섭취용 생산물과 최소한의 지구자원 발자국이 남겨지는 먹거리를 제공하는 자원효율적인 먹거리 유형 및 농업생산 시스템을 구축하고 교육하는 데 필요한 투자가 우선되어야 한다. 지구 발자국 네트워크의 추정에 따르면, 인류는 기본적으로 지구자원 제공량의 1.8배 비율로 과소비를 해 왔고, 지금도 하고 있다. 1960년대 전까지만 해도 인류가 지구 자연자원 역량의 일부를 사용해 오다가, 1975-80년 사이에 이르러 1대1 사용 대 역량 관계에 도달했다.

세계야생기금(WWF), 스위스 개발협력기구, 지구발자국 네트워크, 월드워치연구소, 유엔 등은 자원고갈에 근접한 지구의 긴급 상태를 각국 정부들이 인식하도록 돕는 많은 활동들을 진행해 왔다. “에너지 시스템을 화석연료 의존에서 이동시키고 생물생산(bioproductive) 지역을 보전하며 비생산지역을 복원”하자는 이들 조직의 제안은 특정 자원의 수요를 줄이는 데는 도움이 될 수 있다. 그러나 위기의 인과적 요소를 제대로 정의하지 않았을 뿐더러, 그 해결을 위한 조치를 조망하지 못한 한계를 드러낸다. 이들은 인간 사회의 웰빙이 궁극적으로 그것이 의존하는 생태자본과 연계되어 있음을 인정하긴 하지만, 이 사실을 지구자원 남용의 배후에 있는 지배적 추동력과는 적절하게 관련짓지 못하고 있다.

지구발자국 네트워크의 경우 "기후변화, 탈삼림화, 과잉 방목, 어로 붕괴, 안전하지 못한 먹거리, 급속한 멸종 등이 육식에 대한 지구적 수요라는 단일한 광범위한 문제의 다양한 양상들"이라는 일반적 결론을 수치화하는 데 그쳐 왔다. 가축 사육 및 섭취, 어류 양식 등 동물과 관련된 먹거리에 대한 인간의 집중적 선택이 지구적 자원 고갈에 가장 크게 기여한 것은 분명하다. 동물과 연관된 먹거리 수요와 그 소비는 비효율적 농지 사용, 해양 고갈, 기후변화, 오염, 암과 같은 질병 위험 증가, 건강보호 비용 증가 및 생산성 상실, 맑은 물의 사용 및 고갈, 종의 다양성 상실, 세계적인 기아 현상 등과 같은 문제에 어떤 다른 요소보다도 더 큰 책임이 있기 때문이다.

(2) 먹거리, 문화와 사회[17)]

문화는 먹거리 체계 안에서 강력하지만 눈에 보이지는 않는 힘이다. 문화는 개인과 집단 가운데 의식적, 무의식적으로 학습되고 전수되는 신념, 행태, 전통, 관습 등을 말한다. 인간 집단들은 음식을 둘러싸고 복합적인 의미, 행태, 관습, 전통 및

17) 이 소절의 논의는 Chard et al.(2015: 216-228)을 축약한 것임.

의례들을 발전시킨다. '정상적'이고 건강한 식생활(foodway)에 대한 우리의 개인적 생각은 공동체와 하위집단의 성원으로서 우리가 획득하는 문화적 신념과 태도에 의해 형성된다. 이 경우 식사법은 먹거리의 물질적 생산을 포함하여 개인이나 집단이 갖는, 문화적으로 배태된 음식 준비와 소비의 행태 및 전통을 말한다. 이처럼 문화적 과정은 SESs 환경의 중요한 요소이다.

여기서는 문화가 어떻게 먹거리 체계 안에서 작동하며, 소비자의 음식 이해 형성에서 어떤 역할을 하는지에 초점을 맞추어 탐색한다. 이 때의 초점은 성별 사회적 역할과 정치적 맥락과 더불어, 문화적 정체성 및 의례들이 어떻게 소비자의 먹거리 생산 및 소비에 대한 의사결정에 정보를 제공하는지에 두어진다. 이러한 문화적 힘들에 대한 관심은 먹거리 체계 전문가들이 늘 변하는 소비자의 먹거리 목표 및 관행에 좀 더 효과적으로 반응하여 정책 및 과정을 발전시키는 데 도움을 줄 수 있다. 더욱이 문화적 식사법을 더 깊이 인식하게 되면 개인적, 사회적 소비 패턴을 수정하기 위한 공공 건강의 노력이 용이해질 수 있다.

먹거리 전통의 배후에서 작동하는 의사결정 및 그 의미, 그리고 음식 준비 및 소비의 물질적 문화를 가리키는 문화적 식사법에 관한 쟁점들은 다음과 같다. 첫째, 지역과 민족별로 먹거리 관행의 문화적 차이가 일반적으로 나타나, 이런 관행이 종종 한 지역이나 한 민족의 역사와 정체성에 대한 뚜렷한 표지가 된다는 점이다. 둘째, 인간은 그들의 학습된 먹거리 관행을 초국적 이동, 미디어, 대중 트렌드에 계속 적응시킨다. 셋째, 많은 사람들은 문화적 원칙과 인격적 경험을 바탕으로 먹거리와 건강 간 관계에 관한 강력한 신념을 유지하게 된다. 문화 규범은 또 먹거리 소비 패턴에 대해 '남성적', '여성적'이라고 딱지를 붙여 먹거리 책임의 성별 차이를 이해하도록 한다. 동시에 특히 노동수요와 같은 경제적, 환경적 맥락은 강력한 문화적 신념의 존재에도 불구하고 개인의 실제적 식단에 중요한 영향을 미칠 수 있다.

가. 식생활과 정체성

"우리는 우리가 먹는 바이다"라는 말은 우리 정체성의 표지로서의 먹거리가 갖는 힘을 웅변한다. 지역이나 민족에 바탕을 둔 정체성을 공유하는 공동체는 포용과 배제의 선을 긋기 위해 자주 식사법을 사용한다. 지역성은 식사법에 크게 영향을 미치는데, 사람들이 전통적으로 준비하는 먹거리 유형은 종종 역사적으로 가용했던 것에서 얻어지기 때문이다. 한편 민족집단은 공유된 선조나 공통의 문화적, 종교적, 언어적, 정치적, 지리적 유산을 인지하는 사람들의 집단이다. 토속 먹거리는 실제적이든 관념적이든 과거와의 물질적 연계로 구실한다. 이민자들에게 먹거리 문화를 유지하는 일은 고향에 대한 기억을 보존하고 동화에 저항하는 방식이다. 따라서 음식 전통은 문화의 보존을 상징화하는 의미를 부여받는다.

토속 먹거리 전통이 동화(同化)과정을 통해서 변화함에 따라, 이런 수정은 이민자 식단의 영양 내용을 유의미하게 바꾸게 된다. 실제로 하위집단 간 차이는 있지만, 동화 수준이 더 높은 미국 이민자들은 좀 더 전통적인 생활양식을 유지하는 사람들보다 취약한 식단을 갖는 경향이 있다. 물론 동화, 식단 및 건강 간 상관관계는 복합적이어서, 식재료의 가용성, 노동 수요, 사회경제적 요인을 포함하는 다양한 요소들도 이민자 식사법에 영향을 미치는 것으로 나타난다. 식사법이 적응되고 공유되는 빈도를 보면 음식 전통의 유연성을 알 수 있다. 20세기 동안 먹거리 아이디어는 계속 민족집단, 지역에 걸쳐 분산되어 왔으며, 그 결과 종종 새로운 식사법과 새로운 먹거리의 의미가 만들어졌다. 그 기원이 어디든지 먹거리는 집단 정체성을 표현하며 우리와 그들 간에 경계를 구분하게 만든다. 그러나 이런 집단 간 경계는 늘 유연해지고, 개인들이 다중정체성을 포괄함에 따라 위축되고 있다.

나. 의례로서의 먹거리와 건강 믿음

의례(ritual)는 신성하든 세속적이든 흔히 공동체의 사회적 가치 및 신념에 대한 동일시를 강화한다. 신성하고 종교적인 의례는 도덕, 사회적 가치 및 종교적 가르침의 기준을 전파한다. 또한 많은 신성한 의례들은 먹거리를 상징으로 관련시킨다. 어디서 누구와 함께 먹는가 하는 매일의 의식 또한 중요한 의미를 전달하고 정체성을 보존시킨다. 흔히 예측가능한 평범한 것이지만, 사람들은 매일 흔히 TV나 컴퓨터 앞, 식당, 또는 심지어 부엌 싱크대 앞 등의 똑같은 장소에서 먹는다.

얼마나 일상적인가는 상관없이, 이러한 일과는 각자가 누구인가를 확립하는 데 도움이 된다. 예를 들어 자녀와 함께 식사할 때, 부모들은 감정, 행동 등에 관한 문화적 신념과 기대를 각인시킨다. 동네 스타벅스에서 토속 맛집까지 특정한 음식 상점과 레스토랑의 단골이 되는 것도 개인 삶의 일상적 구조로 통합됨으로써, 그 사람의 정체성을 확증하는 정규적인 의례가 될 수 있다.

우리가 종종 질병을 예방하거나 치료하기 위해서 선택해 먹는 것은 깊이 보유하고 있는 믿음에 의거한다. 먹거리와 건강 간 연계에 관한 개인적 믿음은 종종 민속 전통과 가족, 친구, 미디어 및 소셜 미디어로부터 얻는 대중적 관념을 결합한 것으로, 현존하는 영양적 증거의 반영 여부는 알 수 없다. 게다가 이런 건강 믿음은 자주 무의식적이다가 의식적이며 역동적이고 모순적이다. 먹거리와 건강의 관계를 둘러싼 믿음은 영양에 대한 생명의학적 개념화와 면역학과는 구별되는 기본 논리와 근거를 갖는다. 예컨대 공식화되고 전문적인 치료체계인 한국의 전통의학은 우주론, 특히 에너지 흐름에 관한 관념들에 바탕을 두고 있다.

한국의 전통의학은 먹거리를 더운 성질, 차가운 성질, 강한 성질 등으로 분류한다. 사람들은 질병을 치료하거나 신체의 음양 조화를 회복하기 위해 식단에 뜨겁거나 차고, 습하거나 건조한 음식을 추가할 수 있다. 심슨(2003: 835)이 설명한 것처럼 "약은 질병을 위해 사용되며, 음식은 장수를 위해 사용된다. 음식은 약으로 사용될 수 있으나, 약은 음식으로 사용될 수 없다."

생명의학이 지배적인 치료체계인 지역에서조차 먹거리-건강 믿음은 여전히 민속의학, 즉 비공식 전통에 기초한 치료 방법에 근거하고 있다. 먹거리-건강 믿음은 또한 독특한 인성적, 가족적 경험과 인터넷, 소셜 미디어 발흥에 따라 더욱 가속화되는 대중적 토픽에 관한 일반인의 먹거리 담론으로부터 발전된다. 소셜미디어와 마케팅은 힐링 푸드에 관한 건강 믿음을 형성하는 데 함께 작용한다. 한 예로 슈퍼 푸드는 종종 소비 및 비용을 합리화하는 광화학물과 산화방지제 논의에 대한 공식적 마케팅 노력과 연결되어, 비공식 소셜미디어를 통해 대중화되고 있다. 슈퍼 푸드는 보통 영양가가 높거나 건강 가치를 갖는 식품으로서, 가공식품에 대비시켜 건강, 에너지나 장수에 대한 열쇠 식단으로 홍보됨으로써 물신화된다.

개인들은 지방적 믿음과 타협하기 위해 영양 권고에 대한 스스로의 해석을 발전시키기도 한다. 미국 남부 농촌에서의 조사 결과에 의하면, 많은 노인들은 음식을 준비할 때 뿌려지는 소금과 식탁 위에 놓인 음식에 첨가하는 원(raw) 소금을 구별해 왔다. 이 조사의 참가자들은 소금 소비를 제한하라는 의사의 권고에 충실하기 위해 원 소금 사용을 근절했다. 그러나 요리 중 소금 첨가는 계속했는데, 그 이유는 이런 식의 소금 사용이 정상적으로 음식을 준비하는 데 필수적이라고 간주했기 때문이다.

역사적으로 많은 전문직이 문화적 믿음이나 관행을 '돌팔이'라고 배격하는 경향을 보여 왔으나, 먹거리 체계 전문가들은 '음식 믿음'이 그 믿음을 개인에게 정당화하는 내부적 논리와 경험에 바탕을 둔 것임을 인정해야 한다고 권고하고 있다. 개인의 식품, 건강, 질병 등에 대한 관점을 방향 짓게 하는 다중적 믿음을 인정하거나 평가하지 못한다면, 전문가들과 그들이 일하는 공동체 간에 간극이 발생하여 먹거리 체계 정책 및 개입에 대한 수용이 제한될 수 있다.

다. 먹거리와 젠더(gender)

많은 사회들에서 식생활은 특정한 먹거리 과업이 성별로 구분지어지는 등 매우 성 인지적이다. 한국에서도 먹거리 생산은 성 인지적인데, 다시 말해 특정 일거리가 남성의 영역 또는 여성의 영역으로 분류, 파악되는 맥락에 있다는 것이다. 여성은 부분적으로 손가락의 민첩함에 대한 관념적 가정에 근거하여 자주 닭고기 준비나 게 손질의 종업원으로 선호된다. 이러한 정형화는 또한 가공 및 패키지 요리의 산업적 생산에 참여하도록 촉진하는데, 이 경우 여성의 관리자 지위에 대한 접근은 전형적으로 제약된다.

가정에서는 20세기 동안 남성에 의한 가사노동량이 증가해 오기 했지만, 여성이 먹거리 쇼핑과 요리에 더 많이 책임지는 경향이 있다. 또한 여성은 파트너와 자녀들이 어떻게 식생활을 하는가를 토대로 타인들로부터 판단을 받는다. 사회변동을 겪고 있는 많은 이민 지역사회나 집단에서도 여성들은 먹거리 전통의 유지로 상징화되는 '문화 보존'에 대해 더 많은 책임을 지고 있다. 질적 연구 결과들에 의하면, 남성과 여성 둘 다 "여성이 단지 더 잘 한다", "여성이 영양에 대해 더 관심이 있다" 등을 암시함으로써, 가구 내에서 여성이 먹거리 생산에 더 큰 역할을 수행하는 것을 합리화하고 있다고 한다.

2. 먹거리 체계의 기능과 도전들

(1) 먹거리 체계란 무엇인가?[18]

먹거리는 어디에서 만들어져 어떻게 가공된 후 우리한테 전달되는 것일까? 또 그렇게 되기까지 얼마만큼의 비용이 들고 돈은 어디로 흘러갔으며, 왜 그렇게 되었을까? 그 먹거리가 얼마나 건강에 도움이 되었을까? 먹거리의 생산은 환경, 노동자, 동물 등에게 어떻게 영향을 주었는가? 왜 우리는 그것을 선택했는가? 대부분의 사람은 위의 질문들 중 몇 개에 대해서는 웬만큼 대답할 수 있을 것이다. 하지만 우리가 먹는 모든 것에 대해서 위 질문 모두에 대답할 수 있는 사람은 거의 없으리라 생각한다.

체계(system)란 무엇일까? 그것은 더불어 복합적 전체를 이루는 요소들이 상호작용하는 하나의 망이다. 먹거리 체계는 먹거리의 생산, 분배, 소비에 들어가는 모든 활동 및 자원; 이들 과정의 동인 및 결과; 시스템 참여자 및 요소 간의 포괄적, 복합적 관계 등을 아우르는 시스템이다. 고틀리에프 외(Gottlieb et al., 2013: 4-5)는 이를 "씨앗에서 식탁까지 다양한 식품 경로를 구성하는 모든 활동과 관계의 집합으로, 우리가 왜 무엇을 어떻게 먹는가에 영향을 미치는 것"이라고 정의하기도 한다.

먹거리 체계의 기능적 부분에는 토지에 기초한 부분(농업, 농지보전), 환경(물, 흙, 에너지), 경제(분배, 가공, 소매), 교육,

18) 이 소절의 논의는 Chard et al.(2015: 2-20)을 축약한 것임.

정책, 사회정의, 건강 및 먹거리 문화 등이 포함된다. 시스템을 구성하는 요소 하나하나도 물론 중요하지만, 시스템을 하나의 체계로 만드는 것은 요소들 간의 관계이다. 단순한 예를 하나 들자면, 우리가 먹는 것은 생산하는 것에 영향을 미치고, 생산하는 것은 다시 우리가 먹을 것에 영향을 미친다. 체계에 대한 연구의 초점은 연쇄효과, 의도하지 않은 결과, 피드백 고리, 변동을 위한 전략적, 실제적 개입방식 등 이들 관계가 만들어내는 많은 방식들이다.

사회환경이나 생태환경 같은 체계의 경계 밖 요인들 또한 체계 안의 변화에 영향을 미친다. 예컨대 먹거리 체계는 부분적으로 먹거리 체계 정책에 의해 추동된다. 이런 정책은 체계의 일부이기도 하고 사회환경에 포함되는 것이기도 하다. 또한 먹거리 체계는 이민법 등 먹거리 체계 경계 외부에 주로 존재하는 정책들에 의해서 추동되기도 한다. 먹거리 체계는 스케일[19], 생산유형, 거버넌스, 기타 추동력(인구, 기후변화 등), 먹거리 안전, 공급 망 등을 포함하는 범주들을 사용하여 분석될 수 있다.

먹거리 체계는 오직 하나만 존재할까? 어떤 경우에는 그렇기도 하지만, 대개 그 체계는 모두 서로 연결되어 있다. 우리는 이러한 방대한 시스템을 모든 지리적, 시간적 범위에 걸쳐 지방에서 지구까지, 서로 다른 스케일에 존재하는 상호 연결된 하위체계(또는 더 넓은 시스템의 구성부분인 시스템)의 망으로 이해할 수 있다. 예를 들면 창원시와 양산시의 먹거리 체계가 있고, 둘 다를 포괄하는 경상남도 먹거리 체계가 있을 수

---

19) 주16을 참조할 것.

있다. 이들 모두는 한국의 먹거리 체계는 물론이고, 창원에서 베이징까지 생산물을 전달하고 소비자의 먹거리 가격을 형성하는 전 세계 먹거리 체계와도 서로 상이한 방식으로 상호작용한다.

<그림 4>의 먹거리 체계 모델은 생물학적, 경제적, 사회적, 정치적 체계의 다중적 상호작용을 묘사한다. 생물학적 체계 내에서 종의 다양성, 토지이용, 기후변화 등의 구성 부분은 농업을 먹여 살리는 영양분을 만들거나 파괴하기 위해 상호작용한다. 또한 농업은 화학물질, 노동, 지식과 함께 물, 흙, 에너지, 햇빛 등 추가적으로 투입되는 자원들을 사용한다. 농업에서 나온 먹거리는 도매와 먹거리 가공 및 수송, 상점, 레스토랑과 파머스 마켓(farmers' market)을 포함하는 분배체계에 이르는 경제체계를 통해 순환한다.

사회체계는 수요체계로서 생활환경과 우리가 먹거리 기회 및 그 기회를 추동하는 문화, 마케팅, 행동 변화 개입 등의 요소를 만드는 많은 환경들을 아우른다. 이런 수요 시스템에서 비롯되는 화폐가 경제체계를 통해 회전한다면, 다양한 수준의 시민참여는 먹거리에 영향을 미치는 정치체계로 작동해 들어간다. <그림 4>는 쓰레기를 시스템의 주요 산출로 묘사하는데, 이 그림에 나타나지 않는 다른 중요한 산출에는 건강, 환경의 질, 공평성, 먹거리 안전과 지역사회 먹거리 안전 등이 있다. 그렇다면 <그림 4>의 정지화면이 모든 화살에 따라 이동하는 투입과 산출의 흐름으로서 동영상처럼 움직이는 것을 상상해 보자.

모든 농부와 모든 농장, 모든 관개수로(aquifer), 모든 작물,

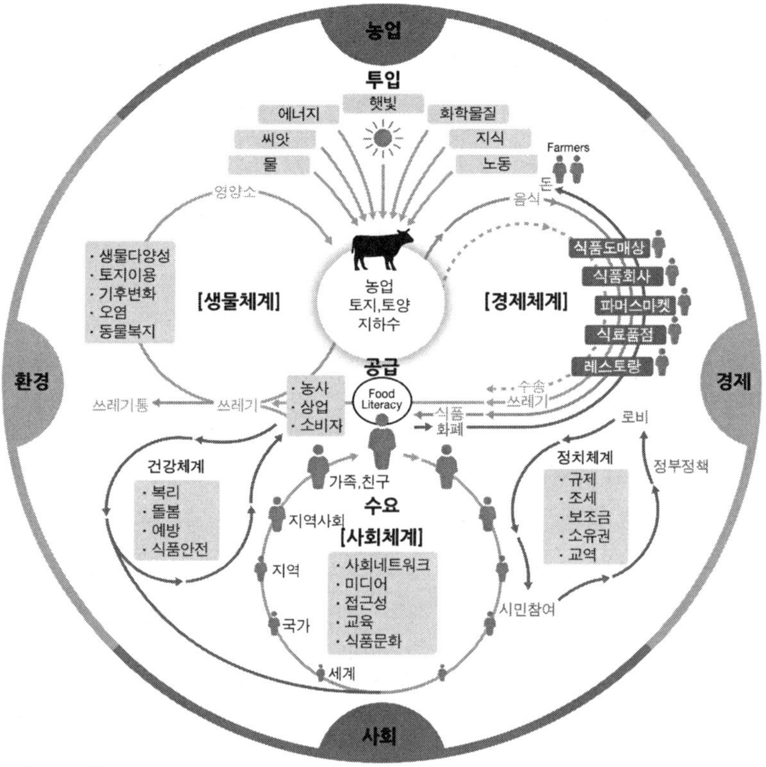

출처 : Neff(2015).

〈그림 4〉 먹거리 체계 모델

모든 배송 트럭과 운전기사, 이런 활동을 구성하는 정책을 만드는 모든 정책입안가 등 각각의 부분은 작거나 크거나 스스로의 내부 논리에 따라 별도로 작동한다. 스위치를 올려 이 모든 것이 움직이고 변화하고 진화하게 만들어 보자. 바로 그것이 먹거리 체계이다.

체계 접근은 원래 공학 분야에서 발전되었다. 많은 먹거리 체계 분석과 활동이 '실제의' 세상에서 일어나지만, 형식적인 체계 접근은 소프트웨어를 사용하여 먹거리 체계의 복합적 현실을 모델링하기도 한다. 이런 모델은 분석가로 하여금 다양한 조건을 투입하여 어떻게 그 영향이 도출되는지에 대한 통찰을 얻게 한다. <그림 4>는 환경, 농업, 경제, 사회라는 네 개 기둥 간의 기능적 상호의존에 관심을 두지만, 먹거리 체계의 전제조건인 환경을 농업, 경제, 사회와 동일한 비중을 갖는 생물체계로 묘사하는 특징이 있다(Neff, 2015).

그런데 <그림 4>의 기능주의적 먹거리 체계 모델을 비판적으로 보면, 이 모델은 빈번한 가뭄 및 홍수, 균열된 농업정책, 유전자조작 종자에서 산업적 가축생산에 이르는 대기업 집중 및 독점적 통제, 오염된 대기, 수질, 토양 등에 농민들이 노출되는 현실을 간과하고 있다. 더욱이 먹거리 체계에 대한 기능주의적 발상은 식량 생산 및 소비를 둘러싼 불평등은 물론이고, 기후위기에 따른 먹거리 위험에 어떻게 회복력을 유지하면서 대응할 것인가를 설명하지 못한다. <그림 1>의 세 개의 기둥 모델과 연관된 먹거리 구조의 기능적 유지라는 목표는, 저비용으로 기아, 영양실조에서 탈피하는 데 필요한 사회경제 체계의 농업기술에 관심이 국한되어, 기후위기 시대에 '먹거리 안전'을 역동적으로 보장하기 위한 과제들을 제대로 포괄할 수 없다.

한편 <그림 5>는 먹거리 체계의 기능주의적 관심을 에너지, 물과의 연계로 확장시키는 먹거리-에너지-물(Food-Energy-Water; 이하 FEW) 넥서스를 나타낸다. FEW 넥서스는 체계 이론의 연장선 위에서 먹거리 체계가 생태사회적 차원에서 에너지, 물과 연결됨을 논리적으로 강조하고 있다.

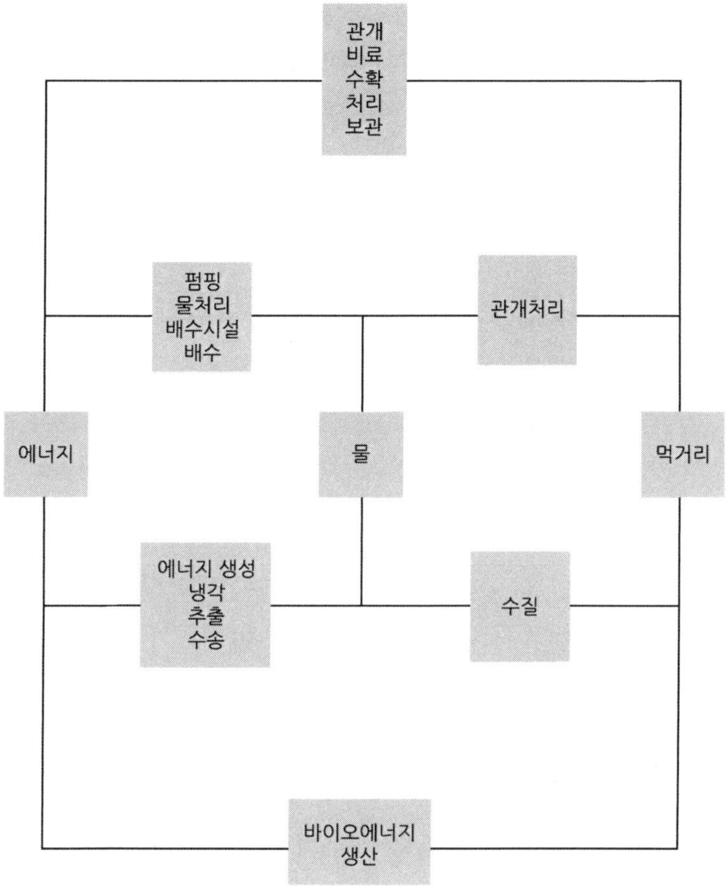

출처 : Asadi et al.(2020).

〈그림 5〉 먹거리-에너지-물의 넥서스 모델

우선 먹거리는 에너지에 대해 관개, 비료, 수확, 가공 및 저장이라는 영향을 받고, 바이오에너지의 생산이라는 영향을 주는 관계이다. 다음으로 먹거리와 물은 관개와 가공, 그리고 수질이라는 측면에서 상호 연계되어 있다.

이 접근이 근거하는 관점들은 다음과 같다(Asadi et al. 2020). 첫째, 인간과 그들의 욕구를 FEW 넥서스의 출발점으로 삼는다. 둘째, 먹거리, 에너지, 물의 작동이 활성화되는 데 필요한 공공 지식을 가동시킨다. 셋째, 넥서스의 준비와 작동 과정에 지방집단들을 참여시킨다. 이렇게 볼 때 FEW 넥서스 모델은 먹거리와 여타 생태계가 중첩된다는 논지를 드러내기는 하지만, 어느 정도는 기술 중심적인 초점에 의거함을 짐작할 수 있다.

(2) 먹거리 체계의 이점과 도전 과제들

가. 먹거리 체계의 이점

"취식자는 먹는 일이 세계에서 불가피하게 발생하는 불가피한 농업적 행동이며, 우리가 어떻게 먹는가가 세상이 어떻게 사용되는가를 괄목할 정도로 결정한다는 것을 이해해야만 한다"는 말이 있다. 이렇듯 우리의 먹거리 체계는 우리의 세상을 형성한다. 한국의 먹거리 체계는 5천만 명의 인구에 봉사하며, 매년 수조 원 이상의 재화와 서비스를 판매하고, 수억 마리 이상의 동물을 생산한다. 이 시스템은 전 세계 먹거리 체계에 영향을 주고 그로부터 영향을 받으면서, 물 소비량, 토지 및 에너지 사용, 소비지출 및 개인소득, 일자리 창출 등에 책임이 있다(Neff, 2015).

역사적으로 한국은 물론 전 세계 먹거리 대부분은 최소한의 비인간 에너지 투입에 의해 생산되고 생산입지로부터 짧은 거리에서 소비되었다. 백 년 이상 동안 유의미한 변화를 경험했던 바대로, 2차 대전 이후 먹거리 및 농업체계는 거의 완전하게 변형되어 왔다. 오늘날의 먹거리 체계는 주로 산업적이다. 산업 시스템은 농장을 필연적으로 공장처럼 다루며, 전문화, 표준화 및 효율적인 처리율(throughput)을 강조하면서 일련의 산출(생산물, 폐기물, 오염 등)을 창출하기 위해 일련의 투입(씨앗, 먹이, 살충제, 비료, 관개, 화석연료 등)을 사용한다. 전체적인 목표는 기업과 마찬가지로 가장 낮은 비용으로 가장 큰 수확을 성취하는 것이다.

현재의 먹거리 체계가 건강하지 않다는 점은 명확하지만, 손상되고 위협 받는 먹거리 체계 속에 있는 긍정적 측면들을 인정하는 것 또한 중요하다. 먼저 지금의 우리나라의 풍족한 먹거리 공급이 과거 어느 때보다도 저렴한 소비를 가능하게 했음을 인정할 수 있다. 현행 체계에서의 먹거리는 대부분의 한국 사람들에게 기초적 웰빙을 지원하는 충분한 영양과 일상 활동을 지속하는 에너지를 제공하고 있다. 그리고 영양 식단을 먹는 사람들에게 그 먹거리가 환경적, 사회적으로 유해한 방식으로 생산되었을지언정, 질병을 예방하고 에너지를 힘이나 웰빙의 느낌으로 전환시키는 긍정적인 건강 이득을 제공할 수 있다.

나아가 우리의 먹거리는 때때로 즐거움, 안락과 흥분을 제공한다. 먹거리는 대부분의 문화와 종교의 핵심이다. 그것은 친구, 가족, 그리고 공동체를 함께 결속시키며, 흔히 문화의 가교 역할을 돕는 견인차이다. 나아가 먹거리 체계는 세계 인구의 1/5에게 생계를 제공한다. 농업은 농토를 보전하며, 심지어 손상될 때조차도 더 좋은 관행이 토양의 질과 생태계를 차후에 회복시킬 수 여지를 남겨 준다. 이런 이득들 중 많은 것은 먹거리 체계의 개혁을 위한 노력으로 더욱 강화되고 발전될 수 있다.

나. 먹거리 체계의 도전들

한편 먹거리 체계에 대한 도전은 사회의 많은 부문들에서의 종합적이고도 조정된 대응을 필요로 한다.[20] 켈로그재단은 '좋은 먹거리'를 공정하고 충분한 녹색의 건강 먹거리라고 정의해 왔다. 여기에서는 이런 요소 외에도 접근가능성, 인간적 생산이라는 측면을 추가하고자 한다. 대부분의 먹거리는 건강한 이상적 상태와 환경적, 사회적 위해(危害)라는 양극단 사이의 스펙트럼 중 어느 하나에 속한다. 먹거리가 인간적 생산이나 건강성과 같은 기준에 부응할 경우 더러 충분성은 부족할 수 있다. 그러나 좋은 먹거리 만들기를 위한 동시 방정식을 풀기 위해 많은 노력이 기울여지고 있다. 먹거리 자체의 질을 넘어서, 모든 먹거리 체계 활동, 정책 및 정치, 경제적 힘들, 문화 등을 포괄하는 더욱 건강한 먹거리 체계를 증진하려는 노력은 필수적이다.

<상자 2>, <상자 3>, <상자 4> 등은 먹거리 체계에 대한 도전이 공공보건, 환경, 사회 등 더 넓은 사회의 하위체계와 서로 얽혀 있음을 보여준다(Neff, 2015: 11). 예를 들어 공공보건은 조직된 지역사회의 노력으로 질병 예방, 수명 연장, 건강 증진을 추구하는 과학 및 기술이다. 이 때의 보건 또는 건강은 WHO 정의에 의하면 단지 질병이나 허약함의 부재가 아니라

---

20) 이하 논의는 Neff(2015: 10-11)을 축약한 것임.

완벽한 물리적, 정신적, 사회적 웰빙의 상태라고 볼 수 있다. 그리고 빈곤은 그 자체로 먹거리 체계의 문제가 아닐지라도, 논쟁의 여지없이 먹거리 체계의 가장 긴급한 문제들 중 많은 것들에 영향을 끼친다.

〈상자 2〉 공중보건과 관련된 먹거리 체계 도전들

먹거리 불안
먹거리 안전의 격차
건강한 먹거리 접근성, 충분성의 결여
비만 및 소화 관련 질병
항생물질 저항
화학오염물
노동자 보호의 결여
토양, 물, 대기의 오염
테러리즘에 대한 취약성

〈상자 3〉 환경변화에 따른 미래 먹거리에 대한 도전

기후변화
토양고갈
수자원 희소성
석유 및 인 고갈
생물 다양성 상실
농지 상실
어업 붕괴

〈상자 4〉 미래의 먹거리에 대한 부가적인 사회적 도전

중소규모 농장 상실
농민의 고령화
먹거리 비축의 결여
먹거리 안전 위기에 대한 대비 결여
기업 집중 및 독점 통제
높은 먹거리 가격과 변동성
먹거리 체계에 있는 농민, 노동자의 생계에 대한 도전
유전자조작 유기체에 대한 정책 격차
농촌공동체 상실

체계적 관점은 도전들과 그것을 다루기 위해 고안하는 해결책이 복합적 방식으로 상호작용함을 일깨워준다. 다른 예로 최저임금제는 한국에서도 논란이 되었듯이 빈곤을 감소시켜 먹거리 불안을 줄이지만, 박한 이윤 마진으로 운영되는 영세 슈퍼마켓의 문을 닫게 해서, 추가적 개입이 없다면 빈곤층 거주지에서의 먹거리 접근성을 감소시킬 수 있다.

(3) 먹거리를 둘러싼 기술적 도전[21)]

여기서는 미래 먹거리의 기술적 대안으로 부상하고 있는 푸드 테크(Food Tech)의 발전에 대해 검토하도록 한다. 푸드 테크는 먹거리 관련 산업에 정보통신기술(Information Communication Technology; 이하 ICT)을 융복합하는 기술을 통칭한다. 산업경제리서치(2018)는 이러한 기술적 대안이 인구 증가, 사막화 등

21) 이 소절의 내용은 산업경제리서치(2018)를 요약한 것임.

으로 인한 농지 감소로 이어지는 먹거리 생산량의 문제와 함께, 인구 고령화에 의한 대체식품의 필요성에 따른 것이라 설명하고 있다. 최근 4차 산업혁명의 추세에서 비롯되는 기술 발전과 사람들의 기호 변화가 먹거리 산업의 변화를 촉진시키고 있는 것은 분명하다. 그런데 먹거리 안전의 관점에서 유의할 것은 편리한 먹거리에 대한 의존이라는 기술결정론에서 벗어나, 인간과 인간, 인간과 자연의 공존이라는 원칙을 견지해야 한다는 점이다.

푸드 테크의 '변화' 영역은 세 가지로 분류할 수 있다. 첫 번째는 '스마트 먹거리 유통' 부문의 변화이다. 최근 4차 산업혁명 시대로 접어들면서 기존의 유통망을 보완하고 더욱 복잡해지는 유통망을 체계적으로 관리하는 새로운 기술이 등장하고 있다. 한국에서는 대표적으로 '옴니 채널[22]'과 'O2O[23]'가 푸드 테크 산업 중 활성화되고 있는 분야이다. 물론 먹거리의 스마트화는 유통과정의 기술 혁신뿐 아니라 먹거리 자체의 사회적 스마트 혁신을 포함하기도 한다. <상자 5>는 코로나19가 창궐하기 이전인 2019년 12월에 푸드 저널리스트인 마이클 부스가 예측한 2020년의 스마트 음식 동향 10가지를 보여준다(한겨레신문, 2019.12.26.).

두 번째는 ICT가 먹거리 마케팅에서부터 식자재 재배에까

---

22) 옴니 채널(omni channel)은 소비자가 온라인, 오프라인, 모바일 등 다양한 경로를 넘나들며 상품을 검색하고 구매할 수 있도록 한 서비스이다. 또 각 유통 채널의 특성을 결합해, 어떤 채널에서든 같은 매장을 이용하는 것처럼 느낄 수 있도록 한 쇼핑 환경을 가리킨다. 네이버 지식백과 참조

23) O2O는 Online to Offline의 준말로서, 배달의 민족, 요기요 등 온라인과 오프라인 소비 채널을 융합한 마케팅으로 소비자 구매를 촉진하는 새로운 서비스를 가리킨다(http://brunch.co.kr).

지 변화의 구심점으로 등장한 결과이다. 그 대표적 예가 '3D 푸드 프린터', '주방로봇' 등으로, 변화와 신선함, 편리성을 추구하는 문화적 추세와 결합한 것이다. 3D 푸드 프린터는 기존의 3D 프린터 기술을 모방하여 다양한 제조방식을 통해 수익모델 창출의 가능성을 제시하고 있으며, 주방로봇은 아직 개

〈상자 5〉 2020년 10가지 음식 동향 예측[24)]

1. 클린 먹거리 : 건강문제를 유발하고 조기 사망으로 직결되는 가공처리를 심하게 한 먹거리를 회피할 것임.
2. 온전한 채식주의 : 슈퍼마켓의 채식 상품에서 나아가 패스트푸드에서도 채식 먹거리를 만날 수 있음.
3. 아시안 시트러스 : 몇 년 전 주방을 정복한 유자에 이어 당유자, 초귤, 루 간 등이 데뷔할 것임.
4. 새로운 퓨전 인터내셔널리즘 : 자기 지역의 음식 먹기를 강조하는 북유럽에서조차 시트러스나 꽈리고추와 같은 외국 재료를 사용.
5. 새로운 담배, 설탕 : 설탕이나 나트륨 섭취를 줄이는 것이 거역할 수 없는 추세임.
6. 프랑스 요리 : 수십 년 동안 한국, 멕시칸, 북유럽 요리가 대세였지만, 이제 전통 프랑스 요리의 풍부한 유산을 되살릴 때가 되었음.
7. 오로지 '아페롤 스페리츠(Aperol spiritz)' : 캄파리그룹의 마케팅 전략으로 이태리 식전주(食前酒)인 아페롤 스페리츠가 유행을 탐.
8. 판단(Pandan) 잎 : 레몬그라스와 맛차를 대체하는 풍미가 풍부하고 풀맛도 거의 나지 않으면서 바닐라향이 풍기는 달콤한 식자재임.
9. 음식물 쓰레기 : 조금만 신경 쓰면 음식물을 다른 생명체와 나눌 시스템을 고안할 수 있음.
10. 포장재 : 비닐포장재의 양을 쇼킹하게 줄이기.

24) 이 예측 가운데 열 번째인 비닐포장재의 감량은 코로나19로 인한 배달, 포장의 급증으로 오히려 반대의 결과가 나타났다고 볼 수 있다.

발단계에 있지만 사람들의 잠재적인 기호성에 부합할 것으로 예상된다. 한편 ICT 발전을 식품 원재료 생산에 접목시킨 스마트농업 분야가 있다. 사람의 직감과 간접적 단서에만 의지해 왔던 농업분야에 ICT가 접목되면서, 단순하게는 농지환경의 항상성 유지에서, 복잡하게는 농수산 데이터의 클라우드 동기화와 빅 데이터를 적용하는 농법까지, 관리 및 생산부문에서의 효율성이 증대되어 왔다.

세 번째는 '미래대체식품'이다. 미래대체식품은 대상에 따라 일반인을 위한 대체식품과, 고령자를 위한 고령친화식품으로 나눌 수 있다. 전자의 유형에는 생태계 위기에 직면하여 착안된 대체식품(곤충식, 콩고기, 배양육 등)과 단순한 재미를 추구하여 만들어진 식품(분자요리 등)이 있다. 고령친화식품과 관련해서는 기존식에 가까운 대체식의 모방이 이루어지고 있으며, 주로 음식을 먹는 즐거움을 위한 기술 발전과 배달 인프라의 구축에 의존하고 있다.

이처럼 푸드 테크는 먹거리 기술의 혁신에 힘입은 새로운 비즈니스 모델을 제시하면서 부분적으로 활성화되는 단계에까지 와 있다. 그러면 위 세 가지 분야의 푸드 테크를 좀 더 자세히 살펴보자. 먼저 스마트 식품유통 분야에서 새로운 마케팅 트렌드인 O2O는 스마트 폰과 사회연결망 서비스의 대중화로 최근에 가속화되고 있다. O2O의 세부 유형에는 온-오프라인 연계 비즈니스, 기술 융합 비즈니스, 플랫폼 비즈니스 등이 있으며, 배달 음식 외에도 택시 등의 서비스 대행에도 활용되고 있다. 한편 옴니 채널은 기존의 싱글 채널, 멀티 채널, 크로스 채널과 구분되는 개념으로서, 채널의 사내 체제 구축, 데

이터 통합과 시스템 제휴, 자체 강점을 기반으로 한 전개 방향 등의 이슈를 지니고 있다.

이어 스마트 먹거리 체계 구축과 관련하여, 빅 데이터가 먹거리 산업에 미치는 영향에 대해 부가적으로 검토해보도록 한다. 먹거리에 대한 빅 데이터의 활용 효과로는 정시 배달, 운영의 효율, 소비자 감정의 분석, 품질 향상, 개인화, 장바구니 분석, 고객 서비스 등이 있다. 또 먹거리 산업에 적용된 빅 데이터의 구체적 사례들은 품질 추적, 트렌드 파악, 마케팅 등에 걸쳐 있다. 그런데 우리나라에서 농산물이 스마트 유통으로 발전하는 데는 하역기계화 미비, 저온유통 인프라 부족, 부적합한 산지 예냉시설, 물류 정보화 시스템 구축 미비와 같은 현실적 문제점을 안고 있다.

다음으로 3D 푸드 프린터의 기술 유형은 압출적층조형 방식과 파우더 베드 방식이 있다. 3D 프린팅이 먹거리 산업에 적용된 사례는 가공식품, 원료 생산, 특수 용도, 기타 등으로 분류된다. 먼저 3D 푸드 프린터를 활용한 가공식품으로는 오레오 쿠키, 곤충 그라탕(Gratin) 프로젝트 등이 있다. 한편 3D 프린팅 원료 생산의 예로는 인공육이 있고, 특수 용도로는 피자, 노인용 영양식 등에서 발견된다. 기타 먹거리 산업의 품목인 파스타, 팬케이크, 유기농 스낵, 아이스크림 등에도 3D 푸드 프린팅 기술이 적용되어 왔다.

한편 주방로봇의 개발은 아직 초보적 단계인데, 오히려 스마트농업 분야에서 고령화 및 농업인력 부족, 열악한 농사환경 속에서 먹거리 생산의 체계적인 관리 필요성과 노동 부담 감소 등으로 로봇 도입이 시작되고 있다. 농업용 로봇의 주요 제품으로는 노지농업 로봇, 시설농업 로봇, 축산 로봇 등이 있다(산업경제리서치, 2018). 그런데 정진익(2020)에 의하면, 4차 산업혁명 시대 농업의 기능은 로봇 개발이나 농산물 스마트 유통보다는, 빠른 속도와 인간소외를 상쇄하는 치유와 안식에서 찾아야 한다. 기술만능시대의 즐기는 농업이 우리에게 새로운 일거리가 되고 문화를 제공한다는 것이다. 옆에서 모든 것을 다 해주는 왕이 행복하지 않은 것처럼, 기계가 모든 것을 해주는 시대가 도래할수록 역설적으로 인간의 몸으로 할 수 있는 일이 중요해지는 시대가 다가오리라 예상되기 때문이다.

앞에서 푸드 테크의 세 번째 분야로 다룬 미래대체식품은 연구개발이 비교적 활발한 편이다. 미래대체식품의 개발 목적은 대개 원 식재료의 입수가 곤란할 경우, 먹거리 제한자들을 위한 대체재, 의외성을 목적으로 한 경우 등으로 구분된다. 원재료 대체 식품으로는 식용 곤충과 고기 대체식품이 대표적이다. 이 가운데 고기 대체식품에는 콩 고기, 식물성 고기, 배양육 등이 있는데, 현재 그것의 개발 장애 요소로는 먹거리 문화, 맛과 질감, 규제 등의 정치적 장애물 등이 손꼽힌다.

한겨레신문(2020ㄴ)에 의하면, 미국의 고기 대체식품 업체인 '임파서블 푸드'와 '비욘드 미트' 등은, 2015년부터 앞으로의 육류 공급이 광우병, 아프리카 돼지열병 등으로 문제가 생기리라 예측하고 식물성 고기 시장을 확대해 왔다. 한국의 경우 버려진 곡물로 식물성 고기 '언리미트'를 출시한 한 업체 대표는 생산자, 소비자, 지구 모두에게 이익을 주는 선순환 구조를 목표로, 코로나19가 만연한 2020년에 미국 수출을 두세 배 늘리고 있다고 밝혔다.

3. 먹거리 체계에 대한 회복력의 구체화

이해진(2019)은 사회(학)적 회복력 모델에 입각하여, 먹거리 위험과 재난에 대응하는 먹거리의 '관계적 회복력'을 강조한다. 그런데 이 사회(학)적 회복력 모델은 자연/소비/생산의 연결, 지식과 권력의 배분, 규제와 조정, 분권화, 거버넌스 등에만 초점을 맞추어 먹거리 체계의 회복력에 접근함으로써, 기존의 사회-생태적 접근보다 생태계와 비인간 동식물의 위상, 역할을 격하하는 문제가 있다고 지적되기도 한다. 필자 또한 먹거리와 관련된 사회체계를 그것이 근본적으로 의존하는 생태계로부터 탈각시킬 경우, 그 회복력이 저해될 수 있다고 생각한다. 즉 먹거리 체계의 회복력은 사회적 차원뿐 아니라 생태적 차원을 고려하는 생태사회적 전망에서 다루어져야 할 것이다.

21세기의 세 번째 디케이드(decade)가 시작되면서, 에너지, 비료, 세계 먹거리 시장(수요 및 공급 둘 다), 그리고 무엇보다 기후의 측면에서 엄청난 변화가 예상되고 있다.[25] 그리고 이것들은 단지 알려진 위협일 뿐이다. 현 시점에서 한국은 물론 전 세계의 시장과 정부에 의한 농업정책은 불행하게도 대체로 회복력을 저하시키고 있다. 평균적 농민들이 회복력을 충분히 갖고 있지 못한 형편인데도, 대부분의 대학이나 기업에서의 농업연구도 비슷하게 효율과 최적화만을 추구하고 있다. 농업은 산출량 추세 곡선에 초점을 맞추다가, 다음 번 파도가 칠 때가 돼서야만 무릎을 꿇게 될 것인가?

---

25) 이하 논의는 Neff(2015: 12-14)을 축약한 것임.

이러한 위협들이 누적되면 체계이론에 근거한 다른 개념인, 교란으로부터 회복하는 역량을 뜻하는 회복력이 유용해지게 된다. 충분히 강력한 교란에 대처하는 체계의 회복력 수준은 임계점의 문턱을 가로질러 체계에 힘을 행사할 수 있으며, 변동과 새로운 작동방식을 촉진한다. <상자 6>은 효율성을 추구하는 현재의 시장 위주 성장 지향의 경로의존성과 대비하면서, 회복력을 배에 비유해 좀 더 자세하게 서술하고 있다.

〈상자 6〉 당신의 배가 암초에 부딪쳤다면 효율이 아닌 회복력을 원한다.

고요한 바다의 배 위에 있는 당신이 선장에게 급하게 수프 한 접시를 갖다 줄 것을 요청받았다고 상상해 보자. 임무는 단순한 것이어서, 유일한 문제는 수프를 쏟지 않고 어떻게 빨리 걷는가가 될 것이다. 이제 그 배가 거대한 물결로 기우뚱대는 상황에서 똑같이 수프 한 접시를 들고 있다고 상상해 보자. 걷는 속도는 이제는 더 이상 문제가 안 된다. 그 대신 당신은 다음 물결이 치는 것을 지켜보면서 무릎을 꿇은 채 신경을 곤두세워 견고한 손잡이를 찾게 될 것이다.

여기서 첫 번째 상황은 효율성 문제임에 비해, 두 번째는 회복력의 문제이다. 개인, 가구, 도시, 대기업 및 중소기업, 농민, 심지어 국가는 모든 종류의 충격에 대응해 일정 수준의 회복력을 정기적으로 제공한다. 우리는 주택보험, 건강보험을 구매하고 안전띠를 매고 돈을 금고에 넣으며, 우리 삶에서의 옵션을 늘이기 위해 교육을 받는다. 이런 조치들은 시간과 돈이 들긴 하지만, 보통 우리는 그 투자를 가치 있는 것 이상으로 인식한다. 걱정하는 것보다는 안심하는 것이 낫기 때문이다.

2장 3절에서 다루었듯이 최근에 제기된 회복력 개념이 점차 많은 관심의 대상이 되면서 지속가능성 개념을 대체하고 있다. 먹거리 회복력은 무언가 새로운 유용한 고려 요소를 추가하는 새로운 접근법이다. 2장에서 비판적으로 다룬 바대로, 지속가능성은 회복력과는 다른 개념이다. 농업의 맥락에서 볼 때, 필자는 지속가능성과 회복력의 두 가지가 크게 구별된다고 생각한다. 첫째, 농업적 지속가능성은 우리가 갖고 있는 것을 미래세대를 위해 보전하고, 곡물체계의 미래 생산성을 보호하기 위해 토양과 물의 건강을 새롭게 하는 등, 비재생 자원을 보호하는 것에 국한된다. 이에 반해 워커 등(Walker et al., 2006)에 의하면, 회복력 사고는 체계 전체의 붕괴라는 파국에 대한 잠재력을 인정하는 것과 연결된다. 몇몇 시스템은 다시는 함께 회복되기가 어려울 수도 있다. 깨끗한 수정 같은 물에서 출발하여 다년생 조류로 뒤덮여지는 호수처럼, 성격상 회복될 수 없는 변동의 예는 수없이 알려져 있다. 비슷하게 로마제국, 마야문명 등과 같이 인간 문명(과 그들의 농업체계)도 실패할 수 있고 실패하기도 했다.

두 번째 구별점은 복합적인 적응체계라는 개념과 관련이 있다. 정상(定常) 상태의 지속가능성은 자원이 풍족하거나 희소한 것에 상관없이 똑같은 방식으로 영위되는, 상대적으로 단순하고 폐쇄적인 농업 체계와 연결된다. 이에 비해 농업에 적용되는 회복력 개념은 사회적, 생태적 과정을 연계시키는 적응 및 변동의 복합적 체계와 관련이 있다. 토양, 물, 식물, 가축—먹이사슬의 기초 생태—은 교통 및 가공 인프라, 시장경제, 인간 영양과 연계된다.

앞서 살폈듯이 회복력 이론은 농업체계가 반드시 좋은 방향으로만은 아닌, 그 자체가 완전히 다른 무엇인가로 변형된 이후의 임계점을 관통할 수 있음을 인정한다. 그 임계점의 문턱은 디젤이나 인의 매우 높은 가격일 수도, 급속한 기후변화일 수도 있고, 여러 요인들의 결합일 수도 있다. 보트를 덮칠 다음 번 파도가 언제 다가올지 모를 때처럼, 우리는 농업의 임계점에서 어디에 있는지 정확히 알지 못한다.

한국은 물론이고 전 세계적으로 이미 농업은 급속한 변동을 경험해 왔다. 미국의 경우 1860년대 이후 1950년대 초까지 오랫동안 대부분의 농민들이 작물을 윤작해 왔다. 적어도 이 90년 동안은 농업이 숱한 기술변동, 작물 재배 및 공공정책을 견딜 정도로 꽤 회복력이 있던 것으로 평가할 수 있다. 그런데 2차 대전 이후 값싼 질소 비료가 갑작스럽게 쏟아지면서 1세대 넓은 담뱃잎 및 잔디 제초제가 등장했고, 이를 방조하는 정부정책이 오늘날 목도할 수 있는 옥수수, 콩 및 집약된 축산의 체계로 향하는 주요 변화를 재촉해 왔다.

현재의 농업 먹거리 체계는 회복력이 있을까? 효율적인 유선형 농업 체계는 이윤이 나지 않고 잉여적인 측면들을 제거해 왔다. 가축 또한 전문화된 작동을 통해 더욱 효율적으로 사육될 수 있으리라 짐작된다. 기후 및 하부구조의 지역적 차이가 비교우위를 낳지만, 투입비용, 토지가격이나 기후의 갑작스런 변동이 있을 경우에는 과잉의 여분이 오히려 구세주일 수 있다. 회복력은 상이한 곡식 먹거리 및 가축의 다양한 종을 생산하고, 투입에 대한 의존을 감소시키며, 대안적 시장을 찾기 위한 노하우, 도구, 하부구조에 대한 투자에 의해 개선될 수 있다. 이를 현재의 시스템에서 보면 비효율적이며 확실히 고비용이다. 그러나 보험 비슷하게, 우리가 무언가를 수행하기를 바라는 바로 그 시점에는 너무 늦은 것일 수도 있다.

먹거리 체계의 회복력을 제공하는 데에는 다음과 같은 정책들이 고려될 수 있다. 첫째 다년생 식물을 재배하여 땅에 착근하게 하면 심각한 강우 시기에 토양침식을 줄일 수 있다. 옥수수와 콩 밭의 경우는 10월부터 6월까지가 취약 시기이다. 둘째 지하수를 깨끗하게, 개울은 수영할 수 있도록 관리한다. 공원과 사적 소유 자연지역에 대한 투자는 토지를 상이한 방식으로 사용할 필요가 있는 미래세대에게 열려진 옵션을 유지하게 할 것이다. 그들의 삶의 질을 희생하게 하는 지역은 경제적 기회를 잃게 될 것이다. 셋째 강력한 지방공동체에서 광범위한 기능을 갖춘 다양한 사람들은 불확실한 시기에 회복력을 제공하면서 서로 도울 수 있다. 넷째 상품시장은 가공업자, 소매업자, 소비자에게 맑은 물 및 생태계 서비스 지원의 책임을 지면서, 토양 및 수질 보전에 필요한 더 많은 비용을 내부화할 수 있다.

한편으로, 먹거리 생산체계의 동학을 이해하는 일은 회복력에 기초한 먹거리 관리에 대한 딜레마를 제기한다(Chapin III, 2009: 268). 시장 피드백은 사회에서 열등하다고 치부돼 더 이상 가치부여를 받지 못하는 곡물, 생산 관행 등을 제거하거나 투입 사용의 효율성과 자원배분을 개선함으로써, 먹거리 체계의 궤도를 유지하도록 돕는다. 그러나 기아, 토지에 대한 문화적 연대의 상실, 자연환경의 파괴와 오염으로 인한 인간 건강 및 생태계에 대한 피해 등의 피드백 매커니즘이 좀 더 간접적인 비시장적 결과와 연관될 때는 문제가 생겨날 수 있다. 게다가 정책은 시장 신호 및 회복력을 제고하는 생물리적(biophysical) 반응에 왕왕 역행할 수 있다.

예컨대 관개를 위한 정부 보조금은 많은 곳에서 비효율적인 물 이용 관행, 과도한 지하수 개발, 염수(鹽水)의 침투 등을 발생시켜, 희소성에 대한 명백한 생물리적 신호를 모호하게 만든다. 이로써 대규모로 돌이킬 수 없는 변동이 일어나기 전까지는 적절한 조치를 지연시켜 버린다. 또 사막에서의 밀 개간이나 미국 남서부의 알팔파처럼 특정 작물에 대한 정부 지원이 지연될 경우에는, 기초적인 자연 및 인간 자원으로서의 적합도가 떨어짐에도 불구하고 그 작물에 대한 지속적 투자를 발생시킨다. 시장과 정책 인센티브는 특정 먹거리 생산체계가 가뭄, 해충 감염, 전쟁, 유가 급등과 같은 외부 충격에 대처하도록 유도해 회복력을 높이는 데 도움이 될 수도 있다.

하지만 먹거리 생산체계가 회복력의 방향에서 운영되도록 대응하기 위해서는 변동의 사회적, 경제적 결정인자뿐 아니라 시스템의 생물리적 동학에 대한 집중이 필요하다. 많은 작물과 가축 체계는 주로 소비가 가능하거나 시장화될 수 있는 상품의 생산이라는 단일한 생태계 서비스를 위해서 관리된다. 그러나 몇몇 다른 생태계 서비스는 토양 안정성, 영양분 균형, 세균 및 잡초 통제, 수문학적 순환, 종의 다양성 보전, 기후 규제, 청정 대기 및 물, 문화적 가치, 인간 영양을 포함하는 체계에 의해서도 또한 제공된다. 불행하게도 장기적으로 생태적 회복력을 지지하는 다양한 생태계 서비스를 위한 작물 및 가축 생산의 관리 목표는 종종 정치제도 지지, 세계적 시장기회에 대한 반응, 빈곤 감축, 먹거리/먹이/연료를 위한 외부적 수요 부응 등과 같은 단기적인 사회적, 경제적 우선순위와 충돌한다.

먹거리 생산체계를 그것이 근본적으로 의존하고 있는 생태계로부터 탈각시키는 일은 그것의 회복력을 감소시킬 것이다. 현재 지속적으로 상승하는 먹거리, 연료에 대한 전 세계적 수요 탓에, 정책 및 제도적 기제를 농업 및 환경시스템과 결합하고 재결합하도록 확인, 촉진하는 것이 더욱 중요해지고 있다 (Chapin III, 2009: 269).

〈생각해 봅시다〉

1. 먹거리 욕구 및 먹거리 공급, 생태계와 인간의 건강 간 균형을 맞추기 어렵게 하는 요인의 하나로 '육식'이 거론되기도 한다. 선진국 주민의 육식이 채식에 비해 가난한 나라 및 빈곤층의 기아와 빈곤에 어떤 영향을 미치는지 생각해 보자.

2. 회복력 있는 생태계와 사회체계를 지속하기 위한 '먹거리 회복력'은 전체 생태사회적 회복력 에서 어느 정도의 비중을 차지할까? 특히 물, 에너지와의 연관성 속에서 먹거리의 중요성을 평가해 보자.

3. 먹거리 분야의 푸드 테크 발전은 지속가능한 먹거리라는 차원에서 긍정적 효과가 기대된다. 하지만 먹거리 안전이나 먹거리 정의의 차원에서 문제가 있을 수 있는데, 예상 가능한 문제점으로 어떤 것들이 있을까?

|제4장|

기후위기 시대의 먹거리 안전과 먹거리 정의

1. 먹거리 불안과 그 대책

21세기가 시작되면서 모든 나라의 먹거리 및 농업정책에서 어려움이 발생하고 있다는 사실은 명약관화하다. 최근에도 유전자조작 먹거리, 조류 인플루엔자(Aviant Influenza; 이하 AI), 광우병, 첨가제, 살충제 및 질산 잔여물, 달걀 살모넬라균, 구제역 등 먹거리 위기의 사례는 매우 많았다. 한국에서 최근 다시 창궐하고 있는 AI와 아프리카 돼지열병 등은 먹거리의 위기로는 언급되면서도, 인간 건강에 대한 이슈로는 제대로 다루어지지 않고 있다(Lang et al,, 2002: 70-71).

(1) 먹거리 체계에 대한, 그리고 먹거리 체계로부터의 생태적 위협[26]

지구의 먹거리 체계는 건강한 생태계에 좌우되며, 건강한

26) 이 소절의 내용은 Anderson(2015: 52-64)을 축약한 것임.

기능을 유지하는 능력인 생태적 통합이 특정한 임계점을 넘어설 경우에는 작동하지 않는 특성을 지닌다. 인간의 삶에서 먹거리를 생산하는 역량은 흔히 생태계로부터 받는 핵심적 혜택으로, 주요 생태계 서비스 가운데 하나다. 생태계 서비스의 네 가지 유형은 <상자 7>과 같다.

지구 위 생명체를 지지하는 생태계 서비스의 약 60%는 식량, 섬유, 목재 획득을 위한 과거 및 현재의 토지 관리에서 부분적으로 야기된 많은 변동들 때문에 악화되거나 지속불가능하게 사용되어 왔다. 아직까지 인류는 이 서비스들를 무료로 향유하면서 그 가치를 인지하지 못하는 경우가 있지만, 그것의 대치(代置)는 대가가 너무 비싸서 불가능해질 것이다. 20세기 중반부터 전 세계 먹거리 생산과 대부분의 상품곡물(옥수수, 쌀, 콩 등) 생산성이 극적으로 상승해 왔다. 미국에서의 옥수수 산출 급증은 식물 유전학과 기계 분야의 진보, 토양 영양분 상태 및 페스트 저항을 제고하기 위한 관개, 농화학물에 대한 의존 증가 등의 기술변동과 상대적으로 양호한 기후에 의한 것이었다.

〈상자 7〉 생태계 서비스의 유형

1. 제공 서비스 - 재화(식량, 약품, 목재, 섬유, 바이오연료 등)의 직접 공급
2. 규제 서비스 - 자연과정의 비율 및 범위의 통제(물의 여과, 폐기물 분해, 기후 규제, 곡물의 수분, 인간 질병의 규제 등)
3. 지지 서비스 - 기타 모든 생태계 서비스의 공급에 필요한 기능들(생태를 통한 영양물질의 회전, 광합성, 토양 형성 등)
4. 문화 서비스 - 생태계와 인간의 관계에서 얻어지는 심리적, 정서적 이득(레크리에이션적, 미적, 영적 경험들)

1930년대 이래의 산출 및 생산성 상승이 괄목할 만한 것이었다면, 환경비용 또한 유의미하게 증가했다. 결과적으로 먹거리 생산의 관행이 악화되면서 전 세계적으로 자연자원의 남용을 초래해 왔다. 이런 시스템의 특징은 보통 석유를 동력으로 하는 기계화, 크고 복잡한 장비의 사용, 물의 일관된 공급을 보증하는 관개, 많은 상업용 동물이나 어종, 곡물생산과 가축생산의 분리, 화학 살충제 및 비료의 광범위한 사용, 현재 투입비용 기준의 경제적 효율을 향한 지배적 추동력 등이다. 이러한 먹거리 생산 관행은 환경적 측면에서 먹거리 체계에 대한 새로운 생태적 위협을 발생시킨다. 더 많은 회복력의 농업관행에로의 이동이 요구되는 것은 명백하지만, 그런 관행을 어떻게 구성할 것인가를 둘러싸고는 많은 논쟁의 여지가 남아 있다.

생태적 건강에 대한 위협은 인간행위와 긴밀히 상호관계가 있어서, 그것으로부터 많은 영향을 받는다. 예컨대 국가 내 소비패턴 변동은 자원에 대한 인구 압력을 증가시키는 지구적 중요성이 있다고 가정되어 왔으며, 인간이 야기한 기후변화도 또 다른 위협들의 범람에 책임이 있다. 21세기 식량체계에 대한 네 가지 생태적 위협은 기후변화, 질소주기에 대한 인위적 개변, 혹성의 경계를 초월해 온 종의 다양성 침해, 수용될 수 없는 환경변화로 대표되는 결정적인 임계점 등으로 요약된다. 이런 류의 도전은 식량소비 패턴이 특히 인구증가와 상호작용할 때 더욱 악화된다. 한번 임계점을 통과해 버리면 추세를 역전하는 것은 더욱 어렵고, 심지어 불가능하다. 비록 이 임계점이 지구환경의 변화가 개선될 수 없게 되는 지점을 추정하는 추상적 수치일지라도, 이는 인간의 생태계 사용이 생태적 통합과의 균형으로부터 심각하게 이탈했음을 가리키는 징표이다.

산업적 먹거리 체계는 오늘날 직면하고 있는 중요한 공공보건 및 환경적 도전을 유발해 왔다. 식품안전에 대한 최근의 관심은 수입 중국유제품의 멜라민 오염에서부터 박테리아에 오염된 피너츠 버터에 대한 대규모 리콜, 쌀에 잔존하는 비소, 남아시아로부터 수입된 새우에 남아 있는 항생제 잔여물 등에까지 걸쳐 있다. 또 높은 비만율로 인해 당 첨가 음료수, 가공식품 및 레스토랑 식사 등에 주의가 집중되어 왔다. 그리고 식품불안을 겪고 있는 인구의 거의 15%인 식품 생산자, 가공자, 판매자 등을 포함하는 집단은 국가적인 경제문제의 관심대상이 되고 있다. 과체중 및 비만 소비자와 결합된 막대한 건강문제에 직면하게 됨으로써, 더 많은 서비스를 필요로 하는 보건체계에 심각한 진단이 내려지고 있는 상황이다.

(2) 토양, 물, 에너지 등의 불안요소

보건체계는 부분적으로 동물축산에서의 항생제 오용에서 비롯되는 항생제 저항의 감염 위기에 의해 더욱 더 도전받고 있다. 농민들은 더 잦은 빈도로 발생하는 가뭄과 홍수 같은 극단적인 기후사건, 균열된 농업정책, 유전자조작 종자에서부터 산업적 가축생산에 이르는 대기업 집중 및 독점적 통제, 오염된 대기, 수질, 토양에 노출되는 지역사회 및 노동자에 직면해 있다. 그러면 먹거리 불안의 측면들을 각 요소별로 간단히 다루어 보자.

가. 토양

인간이나 동물에게 필요한 모든 식물에게는 이상적인 토양 유형, 영양물 가용성 범위와 번성할 수 있는 pH 등 자체적으로 용인 되는 조건의 범위가 있다. 농업을 위해 최적인 토양은 보통은 깊이가 있고 배수가 잘 되며 중화상태의 산성도에 가깝다. 토양은 암석이 균열되어 해체되면서 토양 유기체의 지원을 받는 과정을 통해 서서히 형성된다.

비료, 퇴비, 살충제 등과 같은 토양 물질들이 수로로 흘러들어갈 때는 막대한 피해를 야기한다. 가축의 과도한 방목, 부적절한 관개, 토양 오염 등은 지구상 많은 나라들의 토양 비옥도를 해쳐, 더 이상 곡물을 생산할 수 없는, 메마르거나 염화된 땅을 남기게 된다. UN 식량농업기구에 따르면, 지구 토지 중 약 25%가 심각하게 악화, 또 8%는 어느 정도 악화된 것으로 나타난다. 한편 토양 침식 및 오염 외에, 식량 생산에 필요한 토양 가용성을 위협하는 또 다른 주요 측면은 특히 인구 중심지 근처와 양질의 토질에서 이루어지는 개발이다.

나. 청정수

청정수는 지구상에 놀랄 정도로 희소하지만, 인간의 소비, 가축 생산 및 산업 사용뿐 아니라 곡물 성장에도 필수적이다. 지구 표면의 대부분은 물로 덮여 있긴 하지만, 약 2.5%만 청정수이고, 단지 0.77%만이 대수층(지하수 저장고), 토양, 호수, 강, 늪, 식물 및 대기 안에 보유되어 있다. 세계적으로 농업은 맑은 물의 70% 이상을 사용하는 것으로 설명되며, 미국 서부의 몇몇 주들에서는 맑은 물의 90%까지 농업에 쓰이고 있다.

청정수는 지속적으로 비를 통해 널리 퍼지고 모아져서 재활용되지만, 농업 이용 후에는 너무 수질이 악화되어 쉽게 또는 효과적인 비용으로 재사용될 수 없다. 농토를 거치거나 농토에 스며들었던 물은 흔히 염분, 영양물, 살충제나 퇴적물로 오염된다. 농업은 지하수와 지표수 오염의 대부분에 책임이 있다.

다. 유전 다양성

다음으로, 두 가지 종류의 유전 다양성이 농업에서는 핵심적이다. 야생(자연적) 종의 다양성(인간에 의해 관리되지 않는 생태계의 유전 다양성)과 농업적 종의 다양성(인간화된 작물과 동물 종의 유전 다양성)이 그것이다. 자연적 종의 다양성은 인간 식단의 영양적 가치에 기여하고, 나아가 소중한 생태계 서비스를 제공하기 때문에 중요하다.

농업은 종의 다양성에서 나오는 가치 있는 생태계 서비스의 상실에 책임이 있다. 예를 들어 미국에서는 매년 살충제 살포로 인한 꿀벌과 수분의 상실로 4억980만 달러, 그리고 유익한 침입자의 상실로 6억 6680만 달러의 손실을 발생되고 있다. 경작지나 방목지로의 전환에 따른 서식지 상실은 종의 다양성을 위협하는 상위 5개 지구적 위협 가운데 하나이다. 열대지방 처녀림 벌목은 열대지방이 갖는 종의 풍부성(지역 단위 당 종의 숫자) 때문에 에이커 당 가장 큰 영향력을 끼친다. 아울러 농업은 온대지역에서의 종의 다양성 상실에도 책임이 있다. 예컨대 보전을 위해 유보해 놓은 토지를 곡물가격 상승에 반응하여 농지로 전환하는 것 또한 가치 있는 서식지를 파괴한다.

라. 에너지

농업, 가축생산 및 어로는 인간이 직접 소화할 수 없는, 식물에 의해 포집된 태양 에너지를 인간이 사용가능한 영양 집적물 형태로 전환시키기 위해서 에너지를 사용한다. 현재 산업화된 모든 먹거리 체계의 단계는 석유를 인간이 직접 소비할 때 발생하는 것보다 더 많은 칼로리를 생산, 가공, 분배 및 기타 활동에서 소비하면서 석유에 크게 의존한다. 석유에 대한 의존은 식량가격과 유가가 긴밀히 연계되어 있는 관계로 식량가격을 증가시키는 요인이다.

화석연료에 대한 의존은 앞서 다룬 먹거리 체계의 회복력을 감소시킨다. 이는 화석연료 공급이 먹거리 체계의 외부 요소에 의해 제어되고 그 가격도 매우 가변적이기 때문이다. 더욱이 화석연료 연소는 기후변화와 대부분의 먹거리 체계가 직면하는 가장 심각한 위기의 가장 큰 제공자이다. 미래의 먹거리 체계가 석유에 대한 지나친 의존을 지속하지는 않겠지만, 현재에 대입해 보면 화석연료를 대체할 준비가 제대로 되어 있지 않은 것이 현실이다. 화석연료를 보완하는 대안으로 바이오연료 생산(에탄올, 바이오 디젤 등)이 출현했지만, 식량곡물에서 바이오연료로의 토지 전용이 식량가격 상승, 빈농의 주변화 증가, 먹거리 안전의 위협을 초래하기도 한다.

(3) 지역사회 먹거리 체계의 위험과 공중 보건

인류세 이후 21세기까지의 도시화는 농촌을 붕괴시키면서 시장과 자본의 결절점인 도시에서의 먹거리 불안을 가중시켜 왔다. 이에 따라 도시에서의 먹거리 불안에 대한 효과적 대응, 달리 말해 지역사회 먹거리 안전이 현재의 도시 회복력 유지를 위한 중요한 과제로 대두했다. 2007년 세계 인구 가운데 도시거주자의 비율이 50%를 넘어, 사상 최초로 도시인구가 농촌인구를 초월하게 되었다. 21세기 중반의 세계 인구가 90-100억 명의 추정치를 향해 가고 있는 가운데, 인구성장의 대부분은 도시, 그것도 실제로는 개발도상국 도시에서 95%가 발생할 것으로 예측되고 있다. 미래의 도시성장은 아시아와 아프리카에서 가장 집약적으로 나타날 것이고, 2030년대 이 두 지역은 각각 26억 6천만 명과 7억 4800만 명이라는 최대치의 인구를 보유하게 될 것이다.

그렇지만 문제의 핵심은 "급증하는 인구를 어떻게 먹여 살리는가" 라는 '지속가능한 먹거리'보다는, 기후위기와 감염병 확산 속에서 세계 인구의 웰빙을 보장할 수 있는 회복력 있는 안전한 먹거리 시스템의 구축에 있다고 할 것이다. 오늘날 먹거리 체계의 네트워크 속에 있는 행위자들은 역사적으로 유례없는 일련의 경제, 환경, 공공건강과 관련된 위협에 관여하고 있다. 실제로 현재 먹거리 체계의 위기는 많은 차원에서 벡(Beck), 기든스(Giddens) 등이 '세계 위험사회'라고 명명한 것의 전형을 보여준다. 벡은 "문제가 되는 위협과 불확실은 이전 시대와 달리 근대화 오류의 결과가 아니라 그 성공의 결과"라고 언급했다. 이처럼 최근 새로이 발견된 자생적 위험은 근대화라는 시장 자본주의의 지방적, 지구적 성과는 물론이고, 그것의 장기적 관리를 위한 복합적 체계와도 관련된다(Broad, 2016: 40).

현단계 먹거리 체계의 위기는 세 개의 상호 관련된 개념 영역을 혼합하는 것으로 이해할 필요가 있다. 첫째, 경제적, 직업적 관심과 관련된 쟁점으로서, 근본적으로 근대 자본주의의 먹거리 체계를 특징지어온 기업의 확산 및 공고화에 근거한 것이다. 이러한 동학(動學)은 어떻게 지구적으로 권력이 행사되며 착취가 성립되는가에 대해 일정한 함의를 갖는다. 둘째, 환경 및 비인간 동물에 대한 관심으로서, 화학적인 측면에서 집약화된 대규모 산업적 농업의 관행이 자연자원의 웰빙과 비인간 생명체의 건강에 끼친 치명적 결과의 문제이다. 셋째, 영양 및 공공건강에 대한 관심인데, 만성적인 영양관련 질병과 먹거리 안전, 접근성 이슈가 현대의 특징인 핵심적 영양에 대한 도전으로서 지역사회 기아 및 영양실조와 결합되는 문제이다.

공중보건 전문가가 지역사회 먹거리 안전에 관심을 갖는 다양한 이유가 있다(Neff, 2015: 148). 먹거리 불안과 그 결과물인 건강에 해로운 식품은 두 가지 주요 공중보건 관심사인 당뇨병, 비만 등의 만성병과 대단히 상관관계가 높다. 예를 들어 식중독은 250개 이상 서로 다른 양상으로 나타나는데, 박테리아, 바이러스, 기생충에 의해 야기되는 감염이거나, 유독성 또는 화학적 먹거리 오염에 의해 야기되는 중독이다(Saxer et al., 2018: 243).

치폴레(Chipotle)라는 미국의 멕시칸 푸드업체는 2015-16년에 신선하고 품질이 뛰어난 양질의 먹거리라는 회사의 명성에 악영향을 미칠 먹거리 안전과 관련된 심각한 사건, 사고들을 경험했다. 치폴레는 다음과 같은 정보를 담은 먹거리 질병을 자사(自社) 홈페이지에 투명하게 공개했는데, 캘리포니아주 시미 밸리(Simi Valley)와 매사추세스주 보스톤(Boston)의 단일 매장에서 각각 243명과 143명에게서 노로바이러스 전염이 나타났다는 것이었다. 치폴레 측은 이 사태가 질환이 있는 종업원은 엄격히 격리해야 한다는 원칙을 위반하여 발생한 것이라고 진단했다.

공중보건 전문가들은 오랫동안 지역사회의 먹거리 안전과 영양적 지위가 그들의 작업에 중요한 함의가 있다고 인식해 왔고, 지역사회 먹거리 안전 프로젝트들이 공중보건 목표를 포함하기도 한다. 이 분야 전문가들은 불균형의 결과로 발생하기 쉬운 인구의 기초 건강 및 삶의 질 척도에 관심이 있다. 먹거리 생산 및 접근을 포함해 먹거리 체계의 불균형은 공중보건에 대한 숱한 도전과 상관관계가 있는 체계적인 사회적 격차의 반영이라고 묘사되어 왔다. 체계화된 사회적, 건강적 격차의 주기는 스스로 영속된다. 연구 결과에 의하면, 먹거리 불안과 사회적, 심리적, 물리적 건강 및 행동 결과는 부정적으로 결합되어 있다.

지역사회 및 경제 발전에 초점을 두는 지역사회 먹거리 안전 프로젝트는 먹거리 접근 불균형을 다루는 것에서 더 나아간다. 그것들 중 많은 기획은 사회적 불평등 정도의 감소를 목표로 하여, 더욱 근본적 수준에서 공중보건 결과를 개선하는 잠재력을 보유한다. 북미의 몇몇 공중보건부서는 먹거리 안전, 기아 및 먹거리 시스템 계획을 자신들의 작업에 포함시킨다. 예를 들어 미국의 샌프란시스코 공중보건국은 2002년 이래로 건강, 공평성, 자원보전 우선순위를 진전시키고 통합하는 구조적 개입을 제공하는 것을 포함하는 도시 먹거리정책 및 계획을 주도해 왔다.

미국에서 현재 먹거리 안전을 위한 먹거리 규제 시스템은 식약처(Food and Drug Administration; 이하 FDA)에 의해 주관되는데, FDA가 비록 육류 및 가금류의 안전까지 책임지지는 않지만, 먹거리 생산물이 안전하고 영양가 있으며 건강에 좋도록 정확한 등급을 매기는 데는 책임이 있다.[27] 한편 2010년에 제정된 미국의 먹거리 안전 근대화법은 FDA가 토양 보전, 위생, 포장, 온도 통제, 재배지역의 동물 및 물 등을 다루게 함으로써, 과일 및 채소의 안전한 생산과 수확을 촉진하도록 위임하고 있다. 이 법은 FDA 업무의 초점을 먹거리 오염에 대한 대응에서 먹거리 안전에 대한 위해(危害) 방지로 이동시켰다. 이 법의 세 가지 주요 조항은 첫째 위생적인 먹거리 수송에 대한 절차적 안전장치 및 규제를 통해 오염을 방지하며, 둘째 고위험 시설 확인, 검사방법의 업그레이드, 오염된 먹거리 처분 및 관료들에 대한 먹거리 훈련 개선 등을 통해 먹거리 안전 이슈를 조사, 대응하고, 셋째 수입 먹거리의 안전을 개선하는 것이다.

그런데 이 먹거리 안전 근대화법은 미생물에 의한 먹거리 오염에만 초점을 맞추고 농업과 환경적 피해 간 관계를 무시

27) 또한 환경보호국은 먹거리 살충제의 최대 잔여 한도를 설정하고 있다. 그리고 미국 농무부의 먹거리 안전 및 검사 서비스는 육류에서의 살충제 허용 수준을 감독하고 강화하는 데 책임이 있으며, FDA는 과일 및 채소에서의 농약 최대한도를 강화하는 데 책임이 있다. Saxer et al.(2018: 146) 참조.

한다고 비판되어 왔다(Saxer et al., 2018: 146). 먹거리 안전과 환경보전 목표의 모순은 적어도 다음과 같은 세 가지 불일치를 낳는다는 것이다. 첫째, 농민은 자원의 제한 때문에 먹거리 안전관행의 적용과 환경적 관행의 준수 중에서 양자택일을 해야 한다. 둘째, 곡물을 야생동물로부터 이격시키는 먹거리 안전 관행 등은 서식지 파괴에 인센티브를 부여함으로써, 실제로 환경에 대한 악영향을 미칠 수 있다. 셋째, 환경지킴이 프로그램의 야생 서식지 보전을 위한 환경 프로그램과 먹거리 안전을 위해 이 같은 관행을 금지하는 캘리포니아 녹색 마케팅 협약 등의 사이에서는 충돌이 직접 드러난다.

2. 먹거리 안전이 중요하다

(1) 먹거리 안전의 정의

먹거리 안전에 대한 가장 공통적인 정의는 “모든 사람들이 모든 순간에 활동적이고 건강한 삶을 위한 영양적 욕구와 식품 선호에 부응할 수 있는, 충분하고 안전하며 영양가 있는 식품에 대한 물리적, 경제적 접근을 가질 때 존재하는 것”(FAO, 1996)이다. 한편 국제식품정책연구소(IFPRI)는 2011년에 발표한 2020년 비전에서 먹거리 안전을 “모든 사람이 영양실조가 부재하고, 식품이 자연자원의 지속가능한 사용과 양립하는 효율적, 효과적이며 저비용인 식품체계로부터 비롯되는, 건강하고 생산적인 삶을 지속하는 데 충분한 식품에 대한 접근성을 갖는 세계”로 정의하고 있다(Frayne, et al., 2012).

이 두 정의는 질적으로 다르기는 하지만, 먹거리 안전의 요소에 대해 먹거리 생산을 넘어 가용성과 관련된 더 포괄적인 사회경제적 쟁점들, 그리고 기아로부터 먹거리의 경제적 수요를 효과적으로 치환하는 능력으로 확장하는 공통점이 있다. 앞서 본 <그림 4>는 주어진 먹거리 체계의 부분인 사회적, 환경적 결과뿐 아니라, 먹거리 체계와 관련된 핵심 행위자와 활동을 기술하고 있다. 이 그림에서 먹거리와 관련된 경제체계의 주요 활동을 네 가지로 구분해 보면, 그것은 먹거리 생산, 가공 및 포장, 분배 및 소매, 그리고 소비로 나타낼 수 있다. 이들 활동은 세 가지 중요한 먹거리 체계 결과를 낳는데, 그것은 사회복지, 먹거리 안전과 환경적 안전/자연자본이라 할 수 있다.

그 어떤 먹거리 체계의 안정성도 공급 측면(생산 차원)과 수요 측면(먹거리를 거래할 수 있는 사람의 차원) 둘 다에 중요하다. 먹거리 체계와 먹거리 안전 간에는 복잡한 연계가 존재한다. 이 책의 주제인 먹거리 안전은 먹거리의 생산, 가공, 준비 및 소비와 관련된 먹거리 체계를 낳는 생물리적 환경 및 인간 환경 간의 역동적 상호작용에 의존하고 있다. 요컨대 먹거리 체계는 먹거리 안전의 네 가지 요소이자 결과인 가용성, 접근성, 안정성 및 식품 활용(Ziervogel, 2009)에 기여하는 것이다. 그렇다면 먹거리 안전의 네 가지 측면인 가용성, 접근성, 안정성 및 식품 활용에 대해 살펴보자.

첫째, 먹거리 가용성은 먹거리의 생산, 분배 및 교환에 좌우되는데, 적절한 곡물, 가축. 어류의 생산뿐만 아니라 야생 식품의 수집, 이민 및 원주민 공동체를 위한 자원을 포함한다. 맥락에 따라 다르지만, 먹거리 가용성의 요소는 국내 생산, 신뢰할만한 수입역량, 식품 재고의 존재, 그리고 필요하다면 먹거리 원조에 대한 접근성 등이라 할 수 있다.

둘째, 먹거리 접근성은 사람들이 자신의 기아를 수요로 효과적으로 전환할 수 있는 충분성, 배분 및 선호를 가리킨다. 빈곤과 취약성은 가구 및 개인의 구매력, 그리고 먹거리 접근성을 지배하는 사회적 동학에 중요하게 관련되기 때문에, 먹거리 가용성에서 핵심적 역할을 수행한다. 도시지역의 성장은 먹거리 접근에 필요한 소득 및 사회적 연계망에 더 큰 강조점을 둔다. 국가의 경제적 보장 또한 적절한 식품 수송 장소와 시장 하부구조의 존재에서 반영되는 것처럼 먹거리 접근성의 요소이다.

셋째, 먹거리 안정성은 도시에서의 먹거리 공급 및 먹거리 접근의 연속성과 관련된다. 먹거리 안정성에 영향을 미치는 요소는 기후 가변성, 가격 유동성과 정치경제적 요소에 의해 영향을 받는 먹거리 공급이나 소득의 계절적 변이를 포함한다.

넷째, 먹거리 활용은 한 사람이 섭취하는 먹거리의 질뿐만 아니라 나이, 건강, 질병 등에 따라 좌우되는 식품 및 영양분을 어떻게 활용할 수 있는가에 해당한다. 취약한 건강, 불량한 위생 및 부적절한 안전 기준이 만연한 나라들에서는 만성 질병이 사람들의 소화력과 영양분의 섭취를 방해할 수 있다.

한국을 포함한 전 세계 많은 나라들이 먹거리가 안전한 사회에 부응하는 기준을 보장하고자 노력해 왔다. 이를 통해 극단적 빈곤과 기아를 근절하려는 목표를 추구하고 있는데, 현재는 다양한 요소들이 이 목표를 위협하고 있다. 이런 위협 요소에는 인구 성장, 먹거리에 대한 수요 증가, 지속불가능한 산업적 농업체계, 주요 에너지 원천으로서의 화석연료의 지배와 기후변화의 위기 양상 등이 있다.

(2) 회복력 있는 먹거리 안전을 위한 생산체계 관리

인간이 음식 없이는 생존할 수 없다는 당연한 이유 때문에, 먹거리 생산체계의 관리는 먹거리 안전의 확보에 결정적일 수밖에 없다. 곡식 및 가축 생산의 수단이자 목적은 생태계의 건강과 회복력이다. 먹거리 생산체계는 기본적으로 세계의 대기, 토양, 청정수 및 유전자원에 의존해 지구에 필수적인 생태계 서비스를 발생시킨다. 이처럼 먹거리 생산체계는 토지와 물의 가장 큰 지구적 소비자이자, 서식지 변동과 침입 종을 통한 종의 다양성에 대한 가장 큰 위협인 셈이다(Chapin III, 2009: 259).

먹거리의 생산과정은 많은 입지들에서 대기 및 수질 오염의 유의미한 원천이면서, 지방, 국가, 지구 스케일에 걸친 생화학 변동의 주요 결정인자이다. 먹거리 생산은 인간복지 및 세계의 자연자원 상태와 내재적으로 상호작용함으로서, 먹거리 생산체계의 회복력 관리를 더욱 중요하게 만든다. 먹거리 생산은 인구, 생태계, 환경 질의 장기적 건강을 보장하면서 이루어져야 한다. 즉 먹거리 안전의 핵심은 먹거리 생산의 회복력을 어떻게 지속가능하게 유지하는가에 달려 있는 것이다.

인간이 소비하기 위한 곡식 및 가축의 생산은 생태사회적 연계를 압축적으로 보여준다. 먹거리 생산을 위한 사회적, 생태적 과정의 긴밀한 결속은 곡물과 동물의 초기 농경화 및 가축화 이래로 적어도 만 년에 걸쳐 완성되어 왔다. 오늘날 인간이 먹을 것을 위해 사냥하고 채집하는 야생적 시스템은 거의 존재하지 않는다. 어업 부문이 주된 예외인데, 거기에서조차 인간의 소비에서 가장 수요가 많은 어종은 이미 오래 전부터 양식에 의존해 왔다.

먹거리 생산체계는 문화적, 경제적, 제도적 맥락에서 특수성을 지닌다. 우선 3장 1절에서 다루었듯이, 먹거리를 둘러싼 문화는 먹거리 생산체계의 설계와 관리에서 일정한 역할을 수행한다. 하지만 무엇보다 전 세계에 걸친 식품의 수요 및 공급을 연계하는 것은 시장의 기능이다. 이 연계는 상품집단 내[28], 상품집단 간[29], 그리고 부문 간[30]에서 각각 강력히 작동된다. 농업 및 먹거리 시장은 대부분 국내적 정책 개입에 의해 크게 영향을 받는 경향이 있다.

시장에 기반을 둔 정부 정책 및 독점적 성장을 지원하는 보조금 등의 경제적 측면에서 볼 때, 대규모의 자본주의 농업 경영은 지난 몇 십 년 동안 세계 먹거리 산업에서의 집중을 결과했다. 다수의 주요 다국적 회사들이 공격적으로 지구 먹거리 생산, 가공, 분배의 대부분을 통제한다. 상위 네 기업에 의해 세계의 85%가 관리되는 콩 가공이나, 상위 네 기업에 의해 세계의 82%가 관리되는 소고기 도축, 상위 네 기업에 의해 세계의 87%가 관리되는 젖은 옥수수 제분, 상위 네 기업에 의해

28) 그 예로는 중국의 밀 시장이 미국, 아르헨티나, 호주의 밀 시장과 경제적으로 결속되어 있다는 사실을 들 수 있다.

29) 그 예로는 옥수수 가격 상승이 밀과 같은 식용작물 대체재에 대한 수요를 야기하는 현상을 생각하면 된다.

30) 그 예는 가축 사료나 바이오에탄올에 대한 공급 원료로서의 옥수수 수요가 식용작물로서의 옥수수에 대한 직접 소비 가격 및 수요에 영향을 미치는 데서 찾을 수 있다.

세계의 53%가 관리되는 구이용 닭고기 도축에서 그런 사례를 찾아볼 수 있다.

먹거리 생산체계가 나라마다 확연히 다르기는 하지만, 전반적으로 주목할 만한 추세는 있다(Chapin III, 2009: 261). 현재는 78억 명이고 계속 증가하는 세계 인구와 연결된 도시화의 진전과 소득성장에 따른 동물 단백질에 대한 수요 증가는 더욱 더 효율적인 생산 시스템을 필요로 하고 있다. 지난 50년 동안 농업부문 생산량 증가의 약 80%는 집약화, 즉 산출을 현저하게 증가하게 만들기 위한 물 가용성, 토양의 질과 영양분(화학비료 포함) 등에서 비롯되었다. 지구의 경작 토지 중 많은 비율(특히 열대지방)에서 아직 생계를 위한 이동 경작이 존재하긴 하지만, 먹거리 생산체계 중 많은 부분에서 인구 압력에 따른 생산성 저하를 경험하기 시작했다. 그럼에도 모든 시스템을 집약화할 필요는 날이 갈수록 증대하고 있다.

한편 먹거리 생산체계가 전 세계에 걸쳐 어떻게 설계, 관리되고 재설계되는가는 토양 유형, 기후, 물 가용성, 페스트와 병원균, 유전학 진보, 시장의 힘과 정책에 의해 추동되는 경제적 인센티브, 취향과 전통 관행 및 도시화를 포함하는 문화적 영향 등 수많은 사회적, 생태적 요소에 의존한다. 여기에서 핵심적인 질문은 "우리가 먹거리 안전을 위해 무엇을 지속하려고 시도하는가?"에 놓여진다. 먹거리 안전에 가장 핵심적인 것은 시간에 따른 1인당 식품 공급과 적절한 영양인가? 아니면 먹거리 생산 관행에 의해서 영향 받는 농장체계의 환경적 질과 생태계인가? 또는 농업공동체의 문화적 통합인가? 먹거리의 질, 다양성과 안정성인가?

유한한 토지의 토대를 압박하는 인구 및 소득성장으로 추동되는 농업생산물에 대한 지속적인 수요 상승에 따라, 이런 목표들 사이에는 상호 모순이 종종 발생한다. 이러한 충돌은 대규모로 증대되고 있는 식품 및 동물사육에 대한 세계적 수요에 바이오연료 수요가 덧붙여지고, 기후 위기가 특정 입지에서의 농업생산성 성장을 제한하게 될 머지않은 장래에는 더욱 거세질 것이다.

(3) 지역사회 먹거리 안전의 개념과 동향

팔머 외(Palmer et al. 2015: 136)는 먹거리 불안을 "경제적 자원의 부족에 따른 모든 가구원의 능동적이고 건강한 삶을 위한 충분한 먹거리에 대한 일관된 접근의 결여"라고 규정한다. 이에 대응하는 지역사회 먹거리 안전이라는 개념은 먹거리 환경 및 빈곤과 같은 요소들과 연관 지워, 가구 먹거리 안전을 좀 더 넓은 맥락에서 이해하려는 방식으로 폭넓게 수용되어 왔다. 지역사회 먹거리 안전 활동가들은 저소득 시민에 초점을 맞추어 국가, 도시, 교외 등에서의 먹거리 체계의 강점과 약점을 이해하려 한다.

이 개념의 옹호자들은 지역사회 먹거리 안전에 대해 먹거리 안전의 쟁점을 이해하는 분석 틀로서 먹거리가 안전한 지역사회를 발전시키는 방법, 그리고 그 자체가 자발적인 목표라고 표방해 왔다. 지역사회 먹거리 안전에 대해 가장 보편적으로 인용되는 정의는 "모든 지역사회 주민이 지역사회 자립, 사회정의 및 민주적 의사결정을 극대화하는 지속가능한 체계를 통해, 안전하고 문화적으로 수용가능하며 영양가 있는 식품을 획득하는 조건"이라는 햄과 벨로우(2003)의 규정이다. 이 정의는 이상적인 지역사회 먹거리 체계에 대한 전망을 제공하며, 굶주림에 대한 관심이 핵심 구성요소인 지역사회 먹거리 안전의 다차원적 속성을 부각시킨다.

〈상자 8〉 지역사회 먹거리 안전의 요소

생산 : 유기농 집단은 청년세대의 농사 역량을 증대시키기 위해 농업 초보자훈련을 수행함.
가공 : 기업가들은 소규모 사업가들이 원료를 잼처럼 부가가치 있는 먹거리 생산물로 전환할 기회가 되는 창업보육 시설을 구축함.
분배 및 판매 : 도시 농부들은 신선한 먹거리 옵션이 없는 동네에서 합리적 가격으로 판매하는 이동 농산물 트럭을 운영함.
소비 : 먹거리 교육자들은 학생들에게 먹거리 기회에 영향을 미치는 좋은 영양의 중요성과 요리 기능을 가르침.
쓰레기 : 지방 비료업체는 먹거리 쓰레기를 받아들여 지역사회 정원 및 기타에 비옥한 토양을 조성함.

지역사회 먹거리 안전 프로젝트는 먹거리 체계 대부분의 구성요소를 반영하는 폭넓은 범위의 활동들을 포함하는데, 그 예들은 <상자 8>과 같다. 먹거리 및 농업은 물론이고 그것이 건강, 경제발전 및 삶의 질과 맺는 관계가 공적 의제로 확고하게 자리잡을 때, 지역사회 먹거리 안전의 개선이 명백해지며, 지역사회가 먹거리 시스템의 변동을 위해 생산적으로 작동하는 최소한의 역량을 구축하게 된다. 지역사회 먹거리 안전과 관련된 조직과 개인들은 <상자 8>의 영역들을 연결하여 활동한다. 예를 들어 이들은 저소득 소비자가 신선한 로컬푸드에 접근할 수 있도록 돕고, 지방 농민에 대한 고객 기반을 확장하며, 전반적인 지방 경제발전에 기여하는 파머스 마켓을 창업하여 생산자와 소비자 간 직접적 연계를 구축한다.

그렇다면 지역사회 먹거리 안전은 어떻게 변화하고 있을까?(Palmer et al. 2015: 146) 지역사회 먹거리 안전의 개선을 보여주는 지표는 영양가 있는 먹거리를 제공함으로써 지역사회 기반의 긴급 먹거리 프로그램을 사례 깊게 운영하는 것, 먹거리 일자리 훈련과 같은 임파워먼트(empowerment) 접근에 초점을 두는 것, 그리고 먹거리 접근을 개선하는 행동을 조직하는 것 등이 있다. 그런데 지역사회 먹거리 안전의 변동은 지역사회 먹거리 체계를 둘러싼 이해 당사자의 임계질량(critical mass)이 먹거리 체계의 개념을 이해하고, 그 시스템에서 스스로의 역할을 인지하기 시작할 때 발생한다.

먹거리 체계의 변동과 관련하여, 먹거리 안전 분야는 먹거리 체계 계획, 지역사회 발전, 반(反)빈곤, 반(反)기아, 경제발전 등 여러 가지 목적을 포함한다. 이런 먹거리 안전의 목표들은 무엇이 먹거리 체계를 개혁 또는 전환시킬 것인가에 대한 신뢰를 바탕으로 한 종합적이고 조율된 접근을 요구한다. 지방적이거나 국가적이거나 지구적이나 상관없이, 모든 스케일은 사회적으로 구성되는 것이다. 이는 먹거리 안전의 경계가 객관적으로 정의되는 것이 아니라, 이를 책임지는 사람들에 의해 규정됨을 의미한다.

이렇게 보면, 국가 스케일 또는 지방 스케일의 먹거리 안전 쟁점은 지구적 스케일의 산업 먹거리 체계에서 발견되는 문제를 똑같이 복제하는 것은 아니다. 또 지방 먹거리 정치에 기반한 정책 및 프로그램은 지역사회 내 경제적 불평등을 악화시킬 수 있으며, 이런 구조적 모순 하에서는 사려 깊은 프로그램조차도 더 진전된 지역사회 먹거리 안전으로 연결되지 않을 수 있다. 따라서 먹거리 안전을 확보하기 위해서는 현존 SESs의 위기 양상을 고려하면서 '의도하지 않은 결과'까지 예측하는 것이 필요하다.

먹거리 안전을 둘러싼 21세기의 새로운 도전 과제는 다음과 같다(Chapin III, 2009: 264). 농촌 소득을 지원하고 농산물 생산을 제고하며 특히 물, 영양분 추가 등의 투입을 효율적으로 활용해야 한다. 또 환경 영향을 극소화하고 모든 사람에게 건강한 식단을 제공하는 방식으로 먹거리 생산체계를 발전시켜야 한다. 미래의 먹거리 안전 목표는 기후위기 및 이와 결합된 해충-포식자 영향들에 대항하여 유전 및 작물 다양성, 먹거리 안정성을 촉진하는 시스템의 재설계가 되어야 할 것이다. 그리고 이 목표를 성취하기 위해서는 지방적 수요에 부응하는 소규모 로컬푸드 시스템과 국가적, 지구적 수요에 부응하는 먹거리 잉여의 관리 둘 다를 향한 노력이 경주되어야 한다.

끝으로 5장에서 다룰 먹거리 정의(food justice)의 맥락에서 먹거리 안전의 도전 과제를 제시하면 다음과 같다(Saxer et al., 2018). 첫째, 많은 먹거리 안전 프로그램은 생활임금 제정 필요성, 인종 불평등, 리더십의 다양성 결여, 계급 차별 및 농업노동자 권리 부재 등과 같은 심층적 문제를 동시에 해결할 것을 요구한다. 먹거리 안전 운동조직 중 몇몇 단체는 현재의 먹거리 체계 개선보다는 먹거리 불평등을 낳는 지배구조의 변형에 더욱 초점을 맞추기도 한다. 먹거리 정의를 포괄적으로 정의해 볼 때, 먹거리 안전과 동일하게 모든 사람이 소득, 입지, 인종과 상관없이 건강하고 충분한 먹거리에 접근하는 것을 가리킨다. 달리 말해, 좋은 먹거리 없이는 사회적 또는 경제적인 정의는 없다고 할 수 있다. 즉 소수 계급이 최상의 건강한 먹거리에 접근하는 데 반해, 하층 계급이 자신의 먹거리를 푸드 뱅크, 국가 먹거리 지원 프로그램 등으로 조달한다면, 이 먹거리 체계는 불의하다고 규정할 수 있다.

둘째, 최근의 먹거리 정의는 농사, 먹거리의 가공 및 서빙 등 저임금 노동에 종사하는 먹거리 사슬 노동자와 관련한 이슈를 제기하고 있다. 열악한 노동조건, 불공정한 노동관행, 저임금 등은 지금까지 노조 조직가나 환경정의 활동가의 관심 대상이었지만, 이제는 먹거리 안전 옹호가의 관심으로 분명하게 결합되기 시작했다. 공정무역은 개발도상국의 먹거리 생산자가 그들의 생산물에 대해 공정한 보상을 받도록 보장하는 먹거리 사슬 노동자 투쟁의 한 단면이다. 레스토랑 노동자와 대형 소매점 노동자에 대한 생활임금 또한 먹거리 정의 및 먹거리 안전을 위한 공통의 과제로 부상하고 있다. 먹거리 안전은 근본적으로 건강한 먹거리를 구매할 수 있는 충분한 임금을 받는 것에 크게 의존하며, 그렇지 못한 인간 권리의 취약성은 먹거리 시스템의 환경적 위해 못지않은 먹거리 불안의 중요 요소인 것이다.

3. 기후변화와 먹거리 안전

(1) 산업주의가 초래한 먹거리의 위기

베리는 세계의 경제체계가 농업과 제조업이라는 양대 축으로 구분된다고 보았다(Murrphy, 2008: 182). 약 250년 전에 산업주의는 증기기관이라는 특별한 기계와 자본주의라는 특별한 철학의 발명과 함께 탄생했다. 그리고 그때부터 낡은 세계와 새로운 세계 간의 관계는 산업세계에 의한 농업세계의 정복을 중심으로 지속적으로 전개되었다. 인류세는 극단적으로 불평등하고 빈곤하며 폭력적이다. 이 산업세계는 많은 농민들이 애착을 갖고 지켜온 맑은 물, 비옥한 땅, 푸른 하늘, 야생과 모든 종류의 동물들에 대해서도 파괴적이다.

근대인은 자신의 소비가 더 많은 죽음의 온실가스를 발생시키는 데도 불구하고, 고갈되는 자원인 화석연료의 더 많은 양을 소비하는 데 의존해 왔다. 미국은 거의 모든 지속가능한 삶의 관행을 포기하고, 그것을 화석연료 에너지가 필요한 관행으로 대체해 왔다. 수공업과 물리적 기술은 화석연료가 추동하는 기계와 화학물질로 대치되었다. 1940년대 중반 들어 녹색혁명이 멕시코에서 시작되었다. 그 후로 30년간, 이것은 전 세계로 확산되었다. 널리 알려진 바에 따르면, 녹색혁명은 생산을 증대시키기 위해 설계된 '고산출 집적물'이라 불리는 기적의 종자를 토대로 한 것이었다. 그런데 '고산출 집적물'은 적절한 관개, 농업 석유화합물, 천연가스에 기초한 비료 등이 있을 경우에만 전통 종자를 유의미하게 능가한다. 이러한 화석연료 투입이 없을 때에는 오히려 전통 종자가 고산출 집적물의 소출을 능가한다.

이와 함께, 특히 선진국에서 적지 않은 정보와 많은 흔한 물리적 지식들이 상실되는 불행한 결과를 초래했다. 만약 전기가 갑자기 사라진다면, 과학자들과 공학자들은 전기에 의존하는 법칙들을 피해 갈 뿐 아니라, 전기가 공급되는 현상을 마주쳐도 그것을 어떻게 사용하는지를 알지 못할 것이다. 먹거리에 대한 전통적 기술의 상실은 특히 더 위험하다. 화석연료 없이 어떻게 먹거리를 기르는가에 대한 많은 지식이 상실되었을 뿐 아니라, 좋은 먹거리와 영양에 대한 이해 역시 사라지는 중이다. 케일, 콜라드, 스위스차드 등 영양가가 매우 높은 채소들은 더 이상 정부의 농업통계에 잡히지 않는다. 많은 사람들이 그것을 어떻게 요리하는지조차 모른다(Murrphy, 2008: 184).

(2) 기후변화에서 비롯된 농업의 불안정성[31)]

가. 기후변화와 농업, 먹거리 체계

농업 활동은 주로 CO_2, 메탄과 이산화질소 등과 같은 인간이 만드는 온실가스의 약 30%를 방출한다. 농업은 메탄의 50%(그 중 절반은 가축에서 나옴), 이산화질소의 70%를 방출한다. 메탄과 이산화질소 분자는 CO_2보다도 더 강력한 기후변화 유발자이다. 육류, 유제품 등은 물론이고, 일반적으로 다양한 농산물은 서로 다른 양의 온실가스를 배출한다. 기후변화는 농업에 숱한 잠재적 영향력을 행사한다. 적은 폭의 온도 상

31) 이 소절의 논의는 Anderson(2015: 52-54)을 축약했음.

승이 일어날 경우에는 농업 산출이 일시적으로 증가할 수도 있겠지만, 큰 폭의 기온 상승으로 치달을 때는 곡물 전반의 성장이 어려워질 것이다. 기후위기 수준의 급격한 기후변화는 곡물생산성, 청정수 확보, 극단적 날씨 빈도 등에 점점 더 심각한 영향을 끼치고 있다.

극단적 날씨로 인한 재해의 빈발은 1970년대 이래로 5배가 늘어나, 곡물 및가축의 상실과 미래 생산을 위한 계획의 난관으로 작용하고 있다. 이런 어려움의 대부분은 기온 상승과 연결된 수문기상학적 재해(홍수, 폭풍, 가뭄과 극단적 기온 등)의 빈발에 따른 것이다. 발전도상국은 낮은 수준의 발전 단계와 부적합 자원이라는 복합적인 취약성 때문에, 자연재해의 부정적 결과로부터 더 많은 고통을 당하게 된다. 그 결과로, 양호하고 회복력 있는 하부구조를 건설하고 적절한 재난위험의 관리전략을 수행하려는 노력에 제동이 걸리고 있다. 2005년 미국에서의 허리케인 카트리나 시기와 그 후유증에서 증명되었듯이, 미국 빈곤층의 경우도 자연재해로부터 불비례적으로 고통을 당해 왔다.

기후변화에 따른 먹거리 체계의 또 다른 결과는 대양이 온실가스를 통해 생산된 과잉 CO_2를 흡수함에 따라 발생하는 바다의 산성화이다. 대기 중 인간이 만든 CO_2의 약 30-40%는 바다, 강, 호수로 분해된다. 이전보다 산성화된 바다는 바다 먹이사슬의 기초를 구성하는 산호, 불가사리, 플랑크톤과 같이 칼슘을 함유한 피조물에게는 더 이상 환영할만한 환경이 아니다. 기후변화는 여기에다 이전에는 열대 및 아열대 기후에 국한되었던 가축 및 식물의 병을 온대지역으로 확산시킬 것으로 예상된다. 곡물 및 가축 생산 비용이 증가하는 와중에서 이런 질병들 중 몇 가지는 인간 건강에도 직접 영향을 미치고 있다.

나. 질소 순환의 붕괴와 영양적 제약

토양에 뿌려지는 비료에서 방출(휘발)된 질소와 질소비료 생산의 에너지 집약적 과정에서 사용된 화석연료는 기후변화에 작용할 뿐 아니라, 중요한 생태계 서비스인 질소주기의 동학을 변화시킨다. 질소주기는 대기 중에 있는 요소 질소를 식물들이 사용가능한 형태로 전환하는 것에서 시작된다. 식물은 동물에 의해 소비되며, 동식물에게서 나온 폐기물은 결국 질소의 불활성 형태로 해체되거나 대기 중으로 방출된다. 질소비료의 남용은 질소주기의 일부를 책임지는 토양 박테리아의 개체수를 감소시킬 수 있다. 게다가 비료로 사용되는 적어도 질소의 15%는 식물 뿌리에 닿지 않고 범람해 농토로부터 상실되거나 휘발된다.

비료의 인 또한 관심 대상이다. 채광에 의한 인 공급은 급속하게 고갈되고 있다. 2033년에 들어서면서부터는 전 지구적으로 가용한 인의 공급이 절반으로 고갈되는 지점을 지나게 된다. 따라서 잔여 인의 공급이 희소해지고 접근이 어렵게 됨으로써, 인비료의 가격이 꾸준히 상승할 것이다. 2010년의 인 평균 세계 가격은 2006년 평균가격 수준의 2배가 되었고, 인 비료에 대한 수요가 공급을 추월하면서 2007-8년의 가격은 800%나 올랐다. 질소와 인은 식물의 성장에서 공통적으로 가장 모자란 두 영양소이다. 질소는 대기에서 질소를 추출하여 다른 식물에게도 사용가능한 형태로 변환시키는 콩과류를 길러 공급할 수 있지만, 채광된 인의 대체물은 준비되어 있지 않다.

질소와 인은 함께 뒤섞여서 서로 다른 성격의 문제들에도 영향을 미친다. 미국의 경우 매년 질소와 인으로 가득 찬 많은 퇴적물이 미시시피강으로 흘러들면서 멕시코만에 죽음의 구역(해양생명체에게 부적절한 산소 농도를 갖는 수역)을 형성하기도 한다. 중서부의 거대한 생산 농가에서 범람한 질소와 인의 퇴적물이 남동부 농가에서 범람한 것들과 합쳐지는 미시시피강은 미국에서 가장 중요한 상업 및 관광어업 장소 중 하나인 멕시코만으로 흘러들어간다.

다. 농업의 기후변화에 대한 적응

한편 농업의 기후변화에 대한 적응은 특정 지역에서 자라는 곡물과 가축의 변동을 의미하는 것으로, 필요한 기후적응적 특성을 갖춘 다양한 식물 사용의 개발 및 보전과 함께, 곡물 및 가축 관리에서의 변동을 뜻한다. 새로운 조건에 적응하기 위해서 농민은 일상적인 날씨 변동과 지구온난화의 지속에 따라 날씨 패턴이 불규칙해지는 기후의 근본적 변화를 구별해 내야 한다. 각 시기별 파종이나 다른 곡물로의 전환 필요성 등의 사례 때문에 그렇다. 농법이나 작물의 변동은 위험을 내재하기 때문에, 이런 적응 조치를 지원하기 위한 보험 프로그램이 마련되어야 할 것이다.

지구의 기온이 상승하면서 더 높은 위도에서 계절의 길이가 길어짐에 따라, 과거에는 옥수수나 밀 등 특정 작물의 재배가 불가능했던 지역에서도 그 작물의 재배가 가능해진다. 식품생산이 북쪽으로 이동함에 따른 지속적인 생산성을 보장하기 위해서는 토양 조성 및 토양 비옥화 관행에 특별한 관심을 기울여야 한다. 이렇게 농민들이 기후변화에 적응해 나가면, 이들의 관개방식을 변화시키거나 관개의 시작 체계를 개발할 필요가 있을 것이다. 관개 하부구조의 개량이나 신설은 역사적으로 볼 때 보통은 주로 이윤에 관심을 가진 국제기업과의 워크아웃 계약을 통한 정부 재정지원을 필요로 해 왔다. 그런데 정부의 재정 지원이 가용한 경우라도, 문제는 지하수 고갈 등에서 비롯된 관개에 필요한 물 원천의 가용성이 될 것이다.

(3) 기후변화와 먹거리 안전

인류는 앞으로의 기후변화 영향을 극소화시키기에 충분할 정도로 빨리 적응해서, 증가하는 세계 인구를 먹여 살리고 폭력적 갈등을 회피할 수 있을 것인가(Lumb, 2014: 53)? 기후변화에 대응하여 변화하는 기후가 낳는 새로운 상황에 농업을 적응시키며, 취약계층을 돌보고, 공정하고 평등한 방식으로 자연자원을 관리할 수 있는 방법은 무엇인가? 당면한 인류의 목표는 폭력적 갈등의 가능성을 감소시킬 자원을 공유하는 안전한 세계를 만드는 일이라고도 할 수 있다.

기후변화가 먹거리 체계의 취약성 및 회복력에 영향을 미칠 뿐 아니라, 먹거리 체계 또한 곧바로 기후변화에 작동하는 관계를 가진 것은 분명하다. 그러나 기후변화 자체가 장기적 사안인데다가, 특히 빈곤가구에게서의 먹거리 안전은 직접적이고 일상적인 관심이라는 점에서, 기후변화와 먹거리 안전

간의 연계를 설정하는 일은 간단치가 않다. 지금까지 기후변화와 도시화라는 두 지구적 힘은 기하급수적으로 생태위기의 경로를 만들면서 수렴되어 왔다. 지구의 2% 정도 토지면적을 차지할 뿐인 도시가 이미 지구자원의 75%를 소비하고 있다.

‘먹거리 안전’이라는 렌즈를 통해 기후변화와 도시화의 도전을 살피는 일은 도시와 기후변화 간 연계를 조명하는 유용한 방법일 수 있다.[32] 예를 들어 앞에서도 언급했듯이, 농업은 온실가스 방출의 약 30%를 발생시킨다. 그렇지만 도시화된 세계에서는 농업만이 기후변화에 영향을 끼치지는 않는다. 먹거리의 비싼 폐기비용뿐 아니라 먹거리 가공, 판매 및 소비의 현존 시스템 전체가 기후 및 생태 위기에 심각한 영향을 미치리라는 것은 불을 보듯 뻔하다. 이처럼 먹거리 안전과 기후변화의 관계는 피드백 과정 및 결과의 망에 긴밀하게 연계되어 있다.

기후변화가 먹거리 안전에 미치는 영향을 이해하기 위해서는 기후변화, 먹거리 안전 및 그것의 직간접적 추동인자들 간의 일반적 연계를 파악해야 한다. 기후변화는 직간접적 추동인자에 영향을 미친다. 간접적 추동인자에는 세계경제, 인구 및 환경추세와 같은 요소들이 포함되며, 직접적 추동인자로는 핵심적 사회-정치적, 경제적 변수 외에 생물리적 체계 및 그 관리가 고려될 수 있다. 이런 맥락에서 볼 때, 먹거리 안전은 빈곤 극복과 관련된 사회문제인 동시에 생태적 도전이라 할 수 있다.

기후변화가 먹거리 안전에 끼치는 영향에 대해서는 도시 소비자에게서 지리적으로 멀리 떨어져 있는 농업생산과 관련해서만 논의되는 경향이 있다. 하지만 도시에서도 유의미한

32) 이후 논의는 Frayne et al.(2012: 26)에 의존한 것임.

먹거리 생산이 이뤄지는데, 이는 흔히 빈곤층에 의한 생계전략이기도 하다. 따라서 기후변화에 뒤따르는 기후위기가 먹거리 안전에 미치는 영향은 다음과 같은 세 가지로 접근할 필요가 있다(Ziervogel, 2009). 첫째는 (먹거리 가용성, 접근성 및 안정성에 영향을 미쳐) 식품가격과 시장 변동성을 증가시키는 농업 산출의 감소이다. 둘째는 (먹거리 가용성, 접근성, 안정성 및 활용도에 영향을 미쳐) 직접적인 가구의 식품공급 충격과 지방적 가격상승을 초래하는 도시 및 도시 주변의 먹거리 생산 손실이다. 셋째는 (먹거리 가용성 및 활용도에 영향을 미치는) 먹거리 안전을 증진하는 자본자산에 대한 피해이다.

가뭄이나 홍수와 같은 극단적 기상사건과 온난화를 의미하는 기후변화는 현 시점에서 '기후위기'로 더욱 악화일로를 겪고 있다. 2020년에 한국의 많은 지역사회에서 출범한 '기후위기비상행동'은 코로나19라는 감염병 사태의 장기화가 기후는 물론이고 전반적인 생태계의 위기 상황과 연계되어 있음을 치열하게 폭로하고 있다.

〈생각해 봅시다〉

1. 기후변화가 기후위기 상황으로까지 악화되면서 '기후위기비상행동'이라는 조직도 생겨나고 있다. 기후위기에 따른 먹거리 불안을 해결하기 위해 가장 시급한 비상행동은 무엇일까?

2. AI나 아프리카 돼지열병이 창궐하면 수많은 닭, 오리, 돼지들이 살처분되곤 한다. 기후위기 및 생태계 파괴의 측면에서, 가축 전염병의 원인을 인간세계의 코로나19 팬데믹과 연관지어 생각해 보자.

|제5장|

서구에서의 먹거리 정의운동

1. 먹거리 정의운동의 출현 배경

먹거리 운동은 종종 환경적, 경제적, 사회적 문제점과 무관하게 공동체와 새로운 먹거리 체계를 증진하는 '좋은 먹거리'를 옹호한다. 주류 먹거리 운동의 공통된 원리는 먹거리에서 차이가 나는 사람을 연결시키고 시민참여를 증진하는 메커니즘이라는 생각이다. 먹거리가 변화의 렌즈인 것은 틀림없는 사실이나, 이와 같은 프레이밍은 먹거리 체계의 밑바탕에 있는 구조적 불평등을 보지 못하게 한다. 만약 '좋은 먹거리'가 사람들로 하여금 서로 다른 소비선택을 하도록 만들 뿐이거나 공무원들에게 더 많은 파머스 마켓을 권장하도록 추동하는 것이라면, 신자유주의적 자본주의의 먹거리 위험에 대응하기에는 불충분한 프레임이다(Sbicca, 2018: 141).

2002년 미국 시애틀에서 열린 '지역사회 먹거리 안전연합'의 회의 주제는 '지구적으로 생각하고 지방적으로 행동하자'

였다. 그런데 2010년 뉴올리언즈에서 열린 같은 조직의 회의 주제는 '먹거리, 문화, 정의(正義)'로 바뀌었다(Dupuis et al., 2011: 283). 8년의 시차를 두고 SD에 입각했던 막연한 운동 전망이 먹거리 정의라는 키워드로 명료해진 것을 알 수 있다. 이처럼 2010년대 이후 서구에서의 지역사회 먹거리 운동은 '정의'라는 슬로건을 새롭게 내세우기 시작하면서, 지구적인 먹거리 운동과 연계된 지방적 전략을 다시 진지하게 성찰하기 시작했다.

먹거리 정의와 관련된 정책의 맥락을 짚어 보면, 2010년대 이후 미국에서 먹거리 체계의 불평등이 현실의 문제로 수용되고, 먹거리 사막[33]이 이런 불평등의 원인이자 현상이라는 합의가 이루어져 왔음을 발견할 수 있다. 대통령 영부인인 미셸 오바마는 650만 명의 어린이를 포함한 2,350만 명의 미국인이 먹거리 사막 안에 거주하고 있다고 공언했다. 이후 오바마 정부의 건강한 먹거리 재정지원 정책이 미국의 도시와 농촌에 산재하는 먹거리 사막에서 '먹거리 관련 경제발전 촉진'이라는 목표를 천명하면서 등장했다. 오바마 정부의 재정지원 프로그램은 장소의 번영, 공평성, 웰빙을 통해 변두리 지역사회를 재활성화시키리라고 기대했는데, 이 원칙들은 먹거리 정의의 개념에 어느 정도 부합하는 것이었다.

이와 함께 사회적 경제 측면에서의 먹거리에 대한 관심 역시 '먹거리 정의'의 실현을 촉진하는 중요한 축이라 할 수 있

---

33) 먹거리 사막(food desert)은 2008년 '식량, 보전 및 에너지법안'을 제정할 때 미 의회에서 "특히 저소득 변두리 및 지역사회와 같이 충분하고 영양가 있는 먹거리에 대한 접근이 제한된 장소"라는 의미로 사용된 용어이다. Broad(2016: 33) 참조.

다. 미국의 경우 커뮤니티 서비스 무한회사(Community Service Unlimited)가 기후위기에 의해 전 세계 먹거리 체계가 위협받고 있는 상황을 돌파하기 위해 공정무역과 함께 지역사회 기반의 사회적 경제를 활용해 왔다. 기후변화, 가뭄 심화, 비옥한 토지의 상실, 막대한 시장균열 등은 식량 가격을 폭등시켜, 특히 개발도상국들에서의 먹거리 불안을 악화시키고 있다. 미국의 먹거리 사회적 기업들은 건강에 좋지 않은 식습관이 특히 극심한 저소득지역에서 비만 및 기타 신진대사 교란, 질병에 대한 사회경제적 대응이 필요함을 인지하고 있다.

이에 덧붙여, 학술적 차원에서는 2000년 겨울 환경정의 저널인「인종, 빈곤과 환경」이 환경정의의 옹호와 함께, 지역사회의 먹거리 집단 사이에 접근의 접점이 없음을 지적함을 통해 환경과 먹거리의 관계를 다룬 것이 먹거리 정의 논의의 출발점이 되었다. 이제 "환경은 우리가 살고 일하고 노는 곳"이라는 환경정의의 구호는 "환경은 우리가 어디서, 무엇을, 어떻게 먹는가와 관련된다"라는 문장으로 확장되었다. 다시 말해 먹거리에 대한 새로운 연구 관점은 "어떤 먹거리가 어디서 어떻게 자라나서, 어떻게 생산, 운송, 접근, 소비되는가?"를 변화시키려는 운동에 주목하게 된 것이다(Gottlieb, 2010: 4-5).

미국에서 인종차별 반대와 결합된 환경정의 집단은 1980년대부터 환경적 불의(injustice)에 대응하여, 지역사회 위해(危害)의 폭로 및 저감 투쟁을 전개해 왔다. 현재 활동하고 있는 먹거리 정의운동은 다양한 먹거리 옹호 집단들 사이에서 환경정의운동과의 차별성을 뚜렷이 규정하기 위해 공평성, 임파워먼트, 사회변동 등의 핵심 이슈를 제기하고 있다. 환경정의와 마찬가지로, 먹거리 정의는 강력한 개념이다. 먹거리 정의라는 개념은 먹거리 안전이라는 일반적 용어에 비해 사회정치적 활동을 위한 경로를 개방시키며, 먹거리 영역에서의 새로운 사회적 변동을 촉진하는 데 도움을 준다. 이 개념은 건강, 환경, 식품의 질, 세계화, 노동자 권리 및 노동조건, 신선하고 충분한 먹거리에 대한 접근, 회복력 있는 토지이용 등 다양한 관심사들을 연계하는 잠재력이 있다.

물론 먹거리와 정의라는 두 단어를 연결한다고 해서 이슈의 확장과 연계가 자동적으로 쉬워지는 것은 아닐 것이다. 랭(Lang) 등은 먹거리 체계 내에 불의의 증거들이 증가하고 있다면서, 먹거리의 잘못된 분배, 좋은 식단에 대한 취약한 접근, 노동과정의 불평등과 먹거리 사슬에서의 핵심 공급자에 대한 불공정한 보상 등을 특징으로 지적한다. 이러한 문제들을 극복하려는 먹거리 정의 운동의 쟁점은 대체로 분배적 차원이라고 규정될 수 있다. 최근 분배적 먹거리 정의는 시장 중심의 먹거리 생산, 유통, 소비를 뛰어넘어, 사회적 경제 방식을 추구하는 생활협동조합 모델이나 도시 부동산의 불공평한 분배에 저항하는 텃밭경작 등에서 활발하게 전개되어 왔다.

그런데 환경정의 담론이 분배적 이슈로 시작해서 절차적, 승인적[34] 차원으로 확장된 것과 마찬가지로, 먹거리 정의 역시 분배, 절차, 승인(recognition)이라는 세 가지 요소로 구분할 수 있다. 여기서의 절차(procedure)는 시민 참여의 공론화와 같은 직접민주주의 요소에서부터 법, 제도[35]의 변화 요구 및 파

34) 여기서 승인이란 인간이 아닌 비인간 동식물 생명체의 권리를 인정하는 것을 의미한다.

트너십 형성이라는 대의민주주의의 변형까지 포괄한다. 달리 말해, 절차적 먹거리 정의는 먹거리 안전을 위한 거버넌스 협치 및 숙의과정은 물론, 먹거리 불의의 제도적 환경에 대한 반대까지를 포함하는 것이다. 먹거리 정의의 분배적 측면과 절차적 측면은 대체로 같은 맥락에 있으나, 경우에 따라서는 상호 갈등적일 수도 있다. 다음 절부터는 서구에서의 세 가지 측면의 먹거리 정의에 대해 좀 더 살피기로 한다.

2. 분배적 먹거리 정의의 사례들

(1) 슬로우푸드 운동과 분배적 불의의 문제[36)]

이태리에서 슬로우푸드(slowfood) 운동을 주창한 페트리니가 1989년 2월 세계 슬로우푸드 옹호자 회의에 참석하려고 카라카스에 도착했을 때, 그는 비행기가 착륙하는 순간 경험하게 될 장면을 예상하지 못했다. 지금도 그렇지만 당시에도 베네주엘라는 사회적 소요의 와중에 심각한 경제침체에 빠져있어서, 수십만의 사람들이 실업 상태에서 기아에 허덕이고 있었다. 당시 로드리게즈 대통령은 IMF 융자를 받는 조건으로 베네주엘라에 부여된 가혹한 내핍 조치들을 어쩔 수 없이 시행하는 중이었다.

---

35) 제도는 시간에 걸친 높은 정도의 지속성으로 정의된다(Dryzek, 2019). 제도 안에서는 안정적이면서 반복적으로 순환하는 패턴화된 행위의 성격이 발생된다. 그러나 제도에 대한 병리적 경로의존성은 절차적 불의를 야기할 수 있다.

36) 이 절에서의 논의는 Gottlieb et al. (2013: 177-178)를 인용한 것임.

목적지에 도착한 페트리니는 베네주엘라의 슬로우푸드 운동가들을 만나 식사하게 되었다. 그는 천천히 음식을 즐길 여유가 있는 유복한 사람들과 사교하는 동안 일반 대중은 굶주리고 있음을 깨달았다. 그는 운 좋게 공항 폐쇄 직전에 이태리로 돌아올 수 있었다. 페트리니의 베네주엘라에서의 경험은 슬로우푸드 운동이 '엘리트주의 차원의 고상한 부르조아적 호사'라는 모순을 드러내는 것이었다. 이는 슬로우푸드의 기원이 이태리 좌익 일간지 '일 매니페스토(Il Manifesto)'에 끼워서 1986년 12월에 발간한 새 월간지 「감베로 로소(붉은 새우)」로 거슬러 올라간다는 점에 비추어 보면, 다소 역설적이기는 했다.

당초 이태리 슬로우푸드 운동의 취지는 좌익이 대중들에게 주는 어두운 이미지를 바꾸려는 것이었다. 그렇지만 일부 사람들에게는 슬로우푸드의 의미가 그 어떤 사회정치적 맥락과도 단절된, 먹는 것의 즐거움과 결합된 것으로 인식된다. 피에몬트 지방에서 한때 노동운동을 했던 페트리니도 먹는 즐거움의 권리로서의 슬로우푸드 개념이 그 즐거움에 대한 권리, 그리고 어떻게 그 먹거리가 자라고 생산되는가, 다양한 먹거리 유형에 대한 권리를 누가 갖는가라는 문제 등으로 확장되어야 함을 스스로 깨닫게 되었다. 이런 공평성과 계급 지향에 대한 새삼스러운 관심은 '착한'(먹을 때 더 즐겁고 더 로컬 푸드에 연계되기 때문에), 그리고 '깨끗한'(그 먹거리가 친환경적으로 재배되기 때문에) 슬로우푸드 운동의 슬로건에 '공정한'이라는 분배적 정의의 형용사를 추가하도록 이끌었다.

이와 같이 슬로우푸드 주창자가 깨달게 된 먹거리 정의의 필요성은 슬로우푸드 개념 자체가 대중성을 얻게 되면서 더욱 더 중요해지고 있다. 슬로우푸드의 재초점화는 건강한 로컬푸드 또는 지역사회에 기반한 먹거리의 소비를 강조하는 대안적 먹거리 접근의 분배적 측면을 확장시킨다. 이런 접근은 먹거리 정의의 관점에서 세계화된 패스트푸드 식단의 시대에 사람들을 정의로운 먹거리 경험의 핵심 부분과 어떻게 연결시킬 것인가 하는 과제를 부여한다. 다음 절부터는 시장 중심의 분배적 불의를 극복하기 위한 생활협동조합과 도시 부동산 양극화의 틈새를 공략하는 도시 텃밭운동에 관해 살피기로 하겠다.

(2) 미국에서의 생활협동조합과 정의의 추구[37)]

먹거리 쇼핑은 일상적 실천 공간이다. 사람들은 본인이 좋아하고 영양을 섭취할 수 있는 물건들로 카트와 자동차를 가득 채우면서 습관적 소비행위를 수행함으로써, 시가지와 교외의 쇼핑센터를 활기차게 만든다. 비록 이 활동들이 너무나도 일상적인 것일지라도, 그들이 유발하는 소비자 권력의 스케일은 방대하다. 미국의 총 개인소비는 2014년에 12조 달러를 초과했다. 소비자가 어떻게 자신들의 자원을 관리하는가에 따라서, 이 진부한 행위들이 현행 사회경제관계를 재생산할 수도, 변형할 수도 있는 잠재력을 갖는다(Hilton, 2008).

어떤 재화의 구매는 대규모 공장식 농업과 과잉 어업행위를 지원하는 반면, 또 다른 선택은 가족농장의 생계, 사회적 기업과 생태적 어로를 뒷받침할 수 있다. 당신이 노동자를 착

---

37) 이 절에서의 논의는 Zitcer(2017: 181-184)를 인용한 것임.

취하거나 소비자 가격에 바가지를 씌우는 소매업자에게서 물건을 구매한다면, 사회적 경제의 원칙 아래서 공동체와 생태계를 보전하려는 소매업자에 대해 구매를 통해 지원하는 것과는 실제 다를 것이다. 소비자들은 서로의 작용을 통해 선반에 무엇이 진열되고, 노동자들이 어떻게 다루어지며, 심지어는 어떻게 상품이 생산되어 시장으로 유통되는지에 대해 영향을 미친다. 소비자운동이 그 영향력을 극대화하려면, 더 폭넓은 사회적, 경제적, 문화적 전환을 지향할 필요가 있다. 그런데 어떻게 그러한 목표를 달성할 수 있을 것인가?

생활협동조합은 이런 목적을 성취하는 방법의 하나이다. 생활협동조합을 포함하는 협동조합운동은 19세기 중반 이후 분배적 정의를 위한 투쟁의 일부가 되어 왔다. 산업혁명의 착취에 대한 대응으로 시작한 협동조합은 지방적 소유와 소비자 통제를 향한 권력이동을 추구해 왔다. 생활협동조합은 사용에 기초하여 수익을 분배하는 구성원에 의해 소유되고 통제되는 사업체이다. 그것은 주식회사와 다르며, 외부의 모금 없이 재정적 자족성을 추구한다는 점에서 비영리조직과도 다르다.

국제적으로 공인된 협동조합의 원리는 민주적 구성원 통제, 교육 및 더 폭넓은 지역사회의 관심 등을 강조한다. 사회적 경제 활동을 대표하는 협동조합은 자본주의 경제와 개인적 노력 및 성취에 대한 강조라는 지배적 담론을 곤경에 빠뜨리는 대안적 경제공간이다. 그것은 자본주의 프레임워크 아래서 다른 경제 관행이 존재하고 심지어 번창할 수 있음을 보여준다. 그것은 집합행동, 민주적 실천과 자본에 대한 지역사회의 통제를 북돋운다. 그렇지만 협동조합의 이상을 현실에서 실현하는 것은 쉽지 않은 일이다.

이 문제는 사회적 경제 전반에 해당하는 딜레마이기도 하지만, 번창하는 사업체를 경영해야 하는 긴박성은 다른 사회적 목표를 추구하는 것에 도전장을 내민다. 먹거리 부문에서 많은 현대의 협동조합들은 가격, 선별 및 문화적 적합성 면에서 독자성을 견지해 왔다. 이런 맥락에서 짓서(Zitcer, 2017)는 생활협동조합이 이데올로기적 지향을 명확히 인식할 필요가 있으며, 경제, 먹거리 시스템, 지역사회의 문화적 삶 가운데서 자신들이 어떤 역할에 접근할 것인가에 관해 주의 깊게 선택해야 한다고 주장한다. 그는 또 사회적 경제의 목표 성취 방법 면에서 서로 다른 전망을 가진 필라델피아의 위버즈 웨이(Weavers Way) 협동조합과 마리포사 먹거리(Maryposa Food) 협동조합의 사례를 구분한다.

위버즈 웨이는 필라델피아 북서부의 소매업 및 정치적 위상에서 강력한 힘을 갖고 있는데, 150명을 고용하면서 연간 총매출이 총 2,000만 달러인 두 매장을 운영하고 있다. 이 생활협동조합은 필라델피아에서 신규 협동조합의 창업을 지원해 왔고, 농업교육을 담당하는 부속 비영리 조직도 갖고 있다. 위버즈 웨이는 미국의 생활협동조합 가운데서 주류를 대표하는 자유주의적 협동조합의 특징을 지닌다. 이런 성향의 생활협동조합은 아마도 협동을 자본주의보다는 선호되는 유익한 것으로 보겠지만, 위계적 경영, 프리미엄 생산물의 판매, 부유한 고객 발굴 등을 통한 정치경제적 현상유지 또한 지지하고 있다.

한편 필라델피아 서부의 마리포사 협동조합은 1970년대 소규모 구매 동아리로부터 시작하여, 지난 몇 십 년 동안 지역사회에서 호혜적 경제활동을 이어 왔다. 이 생활협동조합은 총매출 500만 달러에 종업원 50명을 고용하고 있다. 마리포사는 위버즈 웨이와는 달리, 분리된 비영리 조직을 갖고 있지 않다. 그 대신 마리포사는 매장 자체를 교육 프로그램 실시, 정의(正義) 이슈에 대한 의식 제고 등을 위한 행동의 장소로 사용해 왔다. 마리포사는 반(反)자본주의 의제, 작업장 민주주의, 풀뿌리 경제발전에 헌신하는 상대적으로 급진적인 협동조합으로 분류된다. 협동조합 특유의 공정한 경제를 추구하는 데서는 마리포사가 위버즈 웨이만큼 효과적이지 못했을 수도 있다. 2017년 시점에서 마리포사는 경영적 도전에 직면하고 있고, 지역사회에 대한 영향 면에서는 비교적 덜 뚜렷한 경제적 발자취를 남기고 있다.

자유주의라는 용어를 사용할 때 짓서(Zitcer, 2017)는 시장에 대한 지나친 의존으로 해석하기보다는 한정된 호혜성과 불평등 감소에 강조점을 두는 사조로 이해한다. 그는 현대 정치적 진보주의자의 합의에 근거해, 자유주의자를 정치경제적으로 유지되는 현상에 대한 사소한 수정에 만족하는 사람들을 가리키는 용어로 사용하고 있다. 한편 급진주의는 체계적인 사회적, 정치적, 인종적 및 기타 형태의 불평등 폭로에 헌신하고, 현상유지적 제도의 대치를 통해 그것을 제거하는 데 동의하는 것을 의미한다.

짓서(Zitcer, 2017)는 집합적 소유와 지역사회 부의 구축을 통해 분배적 정의를 추구하는 협동조합의 이상형에 비추어 자유주의적, 급진적 접근 중 어떤 것이 더 적합한지 검토한다. 협동조합이 희망의 공간으로 봉사하는 많은 방식이 있고, 그것들에 결함이 있는 다른 방식들도 있다. 그는 생활협동조합이 분배적 정의를 위한 기획에 적절하고 합당한지 질문하고 있다. 또 그것들이 적합하다면, 협동조합은 자유주의적 또는 급진적 둘의 조합 중 어떤 것을 추구해야 할 것인가를 묻고 있다. 이러한 문제는 6장 4절에서 다룰 한국의 생활협동조합이 추구하는 먹거리 정의에서의 분배적, 절차적 긴장이라는 딜레마에서도 되풀이되고 있다.

(3) 도시텃밭과 분배적 정의[38)]

1970년대 이후 미국에서 신자유주의의 도시 거버넌스라는 용어는 복지국가의 재상품화를 추구하는 시장지향 행위자의

---

38) 이 절에서의 논의는 Glowa(2017: 232-256)를 인용한 것임.

느슨한 연합을 의미해 왔다. 이런 맥락에서 먹거리의 다양성에만 국한하는 주류 먹거리 정의 프로젝트들은 소비주의적인 신자유주의 논리라고 비판받을 수 있다. 어쨌든 그 과정에서 많은 도시들에서 존속되어 오던 지방자치단체 텃밭 프로그램 또한 1970년대 후반부터 예산이 삭감되기 시작했다. 주지하다시피, 21세기 들어서는 안전한 투자 및 시장교환의 사회적 환경을 창출하는 국가, 지방정부의 임무가 더욱 강조되고 있다. 하지만 바로 그런 이유 때문에 시장에서 교환되는 상품으로서의 부동산 소비에 실제로 저항하는 텃밭 관리자의 투쟁과 시장교환을 촉진하는 지자체의 역할에 대한 도전이 더욱 주목을 받고 있다.

도시에서의 텃밭농사는 산업적 먹거리 시스템에 대한 대안으로 대중화되어 온 먹거리 운동의 주요 전략이다. 이는 신자유주의 도시 레짐(regime)의 먹거리 불의에 직면한 공동체로부터 나온 반응의 하나이기도 하다. 분배적 먹거리 정의의 원칙에서 보면, 텃밭경작은 여유로움과 건강한 먹거리 접근, 지역사회의 자기결정, 경제적 불평등과 관련된 투쟁 전략의 의미를 갖는다. 실제로 미국의 텃밭 가꾸기는 집단적 삶, 도시생태, 흑인 및 치카노(Chicano) 해방과 학생운동에서 핵심적 전술이 되어 왔다.

다른 한편으로, 역설적이게도 텃밭 가꾸기는 도시개발에 친화적인 기업가적 비용절감 정책의 핵심도구가 되기도 한다. 텃밭 관리자의 의도와는 상관없이, 도시농업의 존재는 부동산가치를 증가시키는 경향이 있다. 그리고 다른 입지에 있는 부동산회사, 개발업자 등도 이러한 기회를 의식하고 있다. 몇몇 텃밭 관리자는 소유자가 땅을 팔거나 그 위에 건물을 짓기 전까지만 단기로 임대하는 토지 접근성을 얻는 데 주력해 왔다. 도시텃밭을 중심으로 하는 먹거리 정의운동이 임시적 토지이용에 대한 법제 및 인센티브를 통과시키면, 지주들은 일정 시기 이후의 개발에 대해서는 오히려 편리해 질 수 있는 것이다.

인천시 미추홀구에 위치한 SK스카이뷰 아파트 안에는 뜻이 맞는 입주민들이 모여 직접 텃밭을 가꾸고 동네와 함께 하려는 공동체가 있다. 바로 '꿈꾸는 하늘정원'이다.

미국 서부의 샌프란시스코 베이 지역에서는 도시농업이 엄청난 인기를 끌어, 수백 개의 텃밭이 시내 곳곳을 점유해 왔다. 베이 지역의 텃밭경작은 지난 10년간 서부 오클랜드 평지와 같이 가치가 낮은 경관의 땅은 물론이고, 샌프란시스코 도심처럼 경쟁이 치열한 토지시장의 장소 둘 다에서 번창해 왔다. 하지만 텃밭농사는 대개 단기간에만 도시의 빈 땅에서 허용되는데, 보통 경제위기가 지나간 후 지주가 개발을 선택하면 더 이상 경작이 불가능해진다. 지역 주택위기에 따라 재산

가치가 도시 전체적으로 상승하면서, 빈 땅으로 내쫓기는 도시텃밭 경작자들은 점점 더 불안해지고 있다.

베이 지역의 경우 도시텃밭의 인기가 엄청나지만, 한국의 대도시와 유사하게 토지시장이 너무나도 경쟁적이어서, 공적, 사적 부문 모두의 토지재산을 점점 더 텃밭경작이 아닌 용도로 내몰고 있다.[39] 그 결과 텃밭 가꾸기는 부동산에 대한 접근성과 의사결정 권력을 독점하고 있는 사람들에게 새로운 분배의 정의를 주장하는 토지정치로 진입하게 된다. 현재의 부동산 시장은 사적 지주와 정부기관에 의한 추방을 강제하면서, 토지를 구매하기에는 너무 가난한 텃밭경작자의 먹거리 재배를 불가능하게 만들고 있다. 사적 토지소유권은 막대한 권력을 지닌 사회적 제도로서, 성장 논리에 의해 지배되는 신자유주의 도시 거버넌스의 핵심이다. 그럼에도 불구하고 토지의 재산관계는 안정화되거나 견고한 것이 아니라 계속적으로 다시 만들어지는 과정에 있다.

텃밭 경작자는 신자유주의적 사유화에 저항하는 공동관리(commoning)의 사례를 만듦으로써, 사적 소유에 기반을 둔 부동산 시장관계를 재편하고자 시도한다. 글로와(Glowa, 2017: 234)는 텃밭 관리자가 어떻게 도시의 평등한 토지사용을 주장

39) 샌프란시스코 베이 지역에서 기술산업의 성장은 다른 요소들과 함께 부동산 붐에 견줄 만한 토지시장을 이끌었다. 1970년대와 1980년대의 실리콘 밸리처럼, 2013년 경 샌프란시스코는 벤처자본이 지원하는 첨단기술산업의 투자에 의해 새로운 실리콘밸리로 부상했다. 기술과 부동산 개발을 연결하는 상업적 부동산 기술 창업기업은 이 지역에서 2012-14년에 7400만 달러의 투자자본을 유치했다. 오늘날 샌프란시스코는 지역 재산가치가 급속히 상승하면서, 미국 내에서 가장 높고 가장 빨리 성장하는 부동산 가치를 자랑하고 있다. Glowa(2017: 235) 참조.

하는가를 살피기 위해, 먹거리 정의운동이 시위, 협상, 협력 등을 통해 전환시키고자 하는 재산제도의 법률화에 대한 전략들을 탐색하고 있다. 그 주요 전략에는 뒤뜰텃밭 액션, 공유지 재창출, 개별 구획의 토지에 대한 유연하고 단기적인 관계의 개발 등 세 가지가 있다. 이 세 가지는 많은 프로젝트들에서 동시에 사용되기도 하는데, 실제로 많은 조직들이 하나 이상의 전략을 사용하는 경향이 있다.

텃밭경작은 경관변형 투쟁을 통해 도시공간의 전환을 추구하는 생태사회적 과정이다. 좀 더 구체적으로 도시 내에서 토지분배를 둘러싼 텃밭 관리자의 점유 시도는 먹거리 주권이나 도시 커먼즈(urban commons)와 같은 더 폭넓은 운동과 연계해 가고 있다. 텃밭 관리자는 공유지 사용을 옹호하고 개별 필지를 구매하려는 투자자들의 의사결정을 바꿈으로써 텃밭공간의 증대를 법제화하려고 노력한다. 그 과정에서 이들은 도시의 부동산 소유자들에게 다음과 같은 정치적이고 철학적인 질문들을 묻고 있다.

서울 강동구 도시텃밭

우리가 살기를 원하는 도시는 어떤 종류의 도시인가? 우리는 먹고 일하며 자연과 상호작용하는 방식을 어떻게 행해야 하는가? 또 도시 안에서 우리 이웃과 정부기관에 어떻게 관여해야 하는가? 오늘날의 도시를 변형하고 우리 미래의 새로운 도시를 예측하는 데 텃밭이 어떻게 도움이 될 수 있는가? 우리는 텃밭 프로젝트를 통해 어떻게 경제적, 정치적, 사회적, 생태적 도시경관을 변화시킬 수 있는가?

3. 절차적, 승인적 먹거리 정의

(1) 도시텃밭 사례에서의 절차적 정의[40]

절차적 먹거리 정의의 접근은 거시적, 미시적 차원으로 구분해 볼 수 있다. 여기서 거시적 차원이란 먹거리 관련 제도를 시장 중심의 자본 논리로부터 벗어나게 하려는 시도를, 미시적 차원은 직접민주주의적 시민 참여를 통한 숙의적 절차 확보를 주로 가리키는 것이다.

앞서 다룬 텃밭경작을 통한 먹거리 정의운동은 도시에서의 불공평한 부동산 분배를 극복하기 위한 측면에 더하여, 도시 주민의 권리를 보장하는 법제도화라는 절차적 공정성과도 관련이 있다. 그렇다면 절차적 먹거리 정의의 한 예로서, 미국에서의 도시텃밭운동이 어떻게 진전되고 있는지 좀 더 살피기로 하자. 텃밭경작에 참여하는 주민들은 그들의 전략이 현대의 부동산 관계에 의해 형성된다는 것을 인식하고 있다. 달리

---

40) 이 절에서의 논의는 Glowa(2017: 232-256)를 인용한 것임.

말해, 도시농업은 로컬푸드 및 호혜적 먹거리만큼이나 재산체제 또한 경작하는 것이다.

가. 공, 사 구분의 소유권 모델에 대한 저항

텃밭 관리자의 토지를 둘러싼 새로운 제도 절차에 대한 요구를 이해하려면, 우선 서구에서 일반적인 부동산에 대한 공적, 사적 소유의 구분에 대해 문제제기를 할 필요가 있다. 현대 경제정책이 토지의 사적 소유를 강조하는 근거는 '부동산을 안정화시키는 것이 생산적인 사회적 힘'이라고 주장하는 자유주의, 공리주의에서 비롯된다. 공리주의는 개인이 명료하고 안정적인 소유권을 가질 때 경제활동에 자유롭게 참여한다는 벤담(Bentham)의 사상에서 비롯되었다. 벤담의 주장은 공적, 사적 부동산의 명료하고 구별된 범주를 만드는 싱어(Singer)의 '소유권 모델'과 관련이 있다. 소유권 모델은 부동산을 어떤 물건에 대한 권리 집합으로, 그런 권리의 보유자를 부동산 소유자로 식별한다.

이 때 권리집합이란 소유자가 부동산을 사용할 자유를 갖고 그것을 팔거나 이전할 수 있게 하고, 다른 존재들을 그것의 사용에서 배제하거나 다른 사람이 소유자 동의 없이는 그 부동산을 취하려고 시도할 수 없게 하는 안전성을 의미한다. 부동산의 자유는 그 자체로 '침입으로부터의 자유'라는 소극적 자유로 개념화된다. 부동산의 공적 소유와 사적 소유를 명료하게 구별하는 경계는 소유자 권리를 보장하는 수단이 된다. 자본주의 국가는 소유자의 소유권을 강화하고 보호하는 안정적 틀을 창출하는 데 책임이 있다.

소유권 모델 내에서 공간과 부동산은 '고정되어 있고 자연적이며 객관적'인 것으로 표현된다. 부동산, 공간 및 법이라는 객관적 표현은 현재의 부동산 관계를 '정치 이전의 명백하고 문제없는 것'으로 보이게 하고 있다. 그렇지만 소유는 복합적 의미를 띨 수 있는데, 부동산의 대안적 동학(動學)은 완전히 자본주의 소유권 모델 외부에 있지도, 완전히 자본주의적이지도 않은 현재 사회 내에 존재하기 때문이다. 최근의 신자유주의의 양극화 심화에 따라, 소유권 모델은 도시 공동체의 공동관리 시도와 같은 저항적 실천에 직면해 왔다.

나. 토지 소유자와의 새로운 관계를 주장하기 - '라 메사 베르데' 의 사례

공적, 사적 토지소유의 구분에 도전하는 텃밭경작의 사례들은 많이 있다. 대표적으로 밴쿠버의 텃밭 관리자는 자신의 마당을 뛰어넘어 보도와 차도 사이 공간에 흙을 채워 작물을 심고 있다. 어떤 예술가 집단은 이 공간에 낡은 욕조 같은 창의적인 화분을 놓아 공간의 정상적 사용이라는 관념을 해체하는 방식으로 사용하기도 했다. 텃밭 관리자들이 사용하는 토지접근 전략은 재산을 법률화하는 절차와 과정을 중시한다. 사회정치적 모호성과 경합의 대상으로서의 부동산은 저항의 장소이자 도구가 될 수 있다.

텃밭 관리자는 현대 사회의 개인, 집단에게 권리, 권위와 자원을 양도하는 사회제도로서의 부동산의 지속적 개발에 영향을 미친다. 많은 텃밭 관리자는 텃밭경작이라는 프로젝트의 운명을 결정하는 부동산 관계를 새롭게 제도화시키고 있다고 주장한다. 텃밭 관리자는 지자체가 도시 텃밭경작을 어떻게 토지이용으로 포용하는가, 주민들이 먹거리 생산을 위한 토지이용에 대해서 어떻게 바라보는가, 그리고 텃밭경작이 개발을 위한 토지가치의 우선성에 도전하는가에 대해 영향을 끼친다는 점을 스스로 강조한다. 이러한 텃밭경작운동의 제도적 측면은 부동산을 폐쇄된 법칙의 집합이 아니라, 행위의 연속적이고 열려진 과정으로 법률화하려는 새로운 시도라고 할 수 있다.

샌프란시스코 베이 지역의 라 메사 베르데(La Mesa Verde; 이하 LMV)는 토지 접근이 개념화 및 실천되는 복잡한 방식을 발전시켜 온 텃밭경작 프로젝트의 한 예이다. 이 조직은 그 땅이 자기 소유든 임차한 것이든 상관없이 뒤뜰에 텃밭을 만들기 위해 산호세 지역의 저소득 주민들과 협업하고 있다. 임대재산인 텃밭용 뒤뜰을 위임하거나 지원하는 계획의 자료들에 의하면, LMV의 확산으로 인해 해당 부동산 소유자의 자율성이 도전 받고 있다. 이러한 유형의 정치참여는 그 자체로 임차토지 뒤뜰에서의 먹거리 생산을 복잡하게 만듦으로써, 현존하는 소유권 모델에 도전하는 것이다.

LMV는 먹거리 안전의 증진과 더불어 농생태적 요리의 전통을 이어나가는 텃밭 관리자를 지원하려는 라틴계 지역사회에 대한 먹거리 정의의 명백한 헌신이었다. LMV에 참여하는 주민의 마당에 텃밭을 가꾸게 하면서 참여자들은 “우리는 하나의 가족이 되어간다”고 느껴 왔다. LMV 관리자 회원의 말에 의하면, 많은 주민들이 지역사회 텃밭에 참여하려 하지만, 특별한 헌신과 자기 일, 또는 가족 일정과 같은 시간 제약, 제한된 교통 접근성 등을 고려한다면 자기집 텃밭경작이 더욱 현실적이라고 한다.

(2) 미국의 먹거리 안전운동에서의 절차적 정의 추구

그러면 텃밭 경작을 통한 부동산 소유 제도에 대한 도전이라는 거시적 차원이 아닌, 먹거리 안전을 위한 지방 거버넌스의 숙의과정이라는 미시적 차원의 사례를 살펴보기로 한다. 6장에서 한국의 사례로 다루는 울산교육청의 선택적 채식급식 도입은 기후위기에 대응하는 교육자, 시민단체, 정치인 등의 요청에 따른 것이었다. 이처럼 지역사회 먹거리 안전 프로그램 및 정책과 먹거리 체계 이해당사자 간의 파트너십이 먹거리 안전의 절차적, 제도적 안정성에 중요하다. 학부모와 학교관리자는 학교 급식을 개선하기 위해 함께 작업할 수 있고, 지자체 도시계획과는 도시농업을 위한 구역을 설정할 수 있으며, 근린집단은 빈 땅을 정원으로 변화시킬 수 있다.

미국에서 지역사회 먹거리 안전 운동은 지역사회 영양학자 및 교육자, 진보적인 농업연구자 및 활동가, 기아추방을 위한 지역사회발전 연구자 및 활동가 등의 노력으로 성장해 왔다. 이 운동가들의 대표들이 1994년에 결성한 지역사회 먹거리 안전 연맹은 <상자 9>와 같은 여섯 가지 원칙을 확인하고 있다. 한편 이와 같은 먹거리 운동집단 외에, 먹거리 정책협의회와 같은 이해관계자 집단 또한 지방 수준의 변동을 이끄는 중요한 조직체라고 할 수 있다. 6장에서 다룰 한국의 '식생활교육네트워크'도 이와 비슷한 사례인데, 이런 협의체는 먹거리 체계와 관련된 지역사회 구성원이 실제적으로 관여할 수 있는 물리적, 사회적 공간을 함께 창출한다는 의미가 있다.

〈상자 9〉 지역사회 먹거리 안전 연맹의 여섯 가지 원칙

1. 저소득 주민의 먹거리 필요에 초점을 맞춘다.
2. 먹거리 안전을 폭넓은 사회적 이슈 및 정책의 산물로 정의한다.
3. 지방적 재배 먹거리에 대한 소비를 격려한다.
4. 긴급 자선 먹거리 부조보다는 지역사회 자립 및 임파워먼트를 강조한다.
5. 민주적이고 지역사회 반응적인 먹거리 체계를 촉진한다.
6. 지역사회의 다양한 주민의 재능과 참여를 포괄한다.

먹거리 거버넌스, 식생활 네트워크 등 여러 이름으로 통용되는 먹거리 정책협의회는 보통 다음과 같은 두 가지 기본 목표를 갖는다. 하나는 특정 지역 내에 있는 먹거리 체계 이해관계자의 활동을 조정하는 것이고, 다른 하나는 중앙정부 및 지자체의 먹거리 및 농업 관련 정책에 영향을 미치는 것이다. 먹거리 정책협의회는 지역사회의 먹거리 안전이라는 전망의 공유에 기여하며, 안전한 먹거리 체계를 위한 정치적 기초를 형성한다. 미국의 경우에는 그 회원들이 선출직이든 임명직이든 상관없이 보건, 기획 및 경제개발 등에 관련한 공적 부문과 영리 및 비영리 먹거리 부문인 슈퍼마켓 산업, 푸드 뱅크 및 지역사회 텃밭조직 등으로 구성되어 있다.

위에서 살핀 지역사회 먹거리 운동이나 먹거리 거버넌스를 통한 참여는 지역사회 먹거리 안전 활동의 핵심 속성이라 할 수 있다. 지역사회 활동의 참여는 장소 기반의 프로그램 도입과 정책적 해결을 가능케 하고 주민들에게 실제적인 지역사회 먹거리 안전의 노력 기회를 제공해 준다. 그렇지만 주민참여는 그 자체로 공정성과 상반될 수 있는데, 이해관계자 집단

이 시간, 돈, 자원 접근을 지닌 사람을 위주로 끌어 모으는 경향이 있어서 저소득 시민이 관여할 역량을 축소하기 때문이다. 이것은 앞서 다룬 분배적 먹거리 정의의 측면이라고 하겠다.

(3) 승인적 정의의 사례 - 산업적 축산과 생물연료에 대한 반대[41]

비인간 동식물의 권리를 인정하는 승인적 먹거리 정의운동의 사례로는 산업적 축산에 대한 반대와 생물연료화에 따른 농작물 다양성 파괴에 대한 저항 등이 있을 수 있다. 이 쟁점들을 둘러싼 서구에서의 승인적 정의운동은 회복력 있는 먹거리의 추구와도 밀접히 관련된다. 먹거리 회복력에 대한 관리는 생태계의 장기적인 기능 및 인간복지를 보전하기 위해서 변동을 기대하고 후속적으로 조정하는 것이다(Chapin III, : 273). 그러면 먼저 산업적 축산의 문제점과 이를 극복하기 위한 승인적 먹거리 정의의 논점을 검토해 보기로 한다.

가. 산업적 축산의 문제점과 그 대안

가축은 지난 1만 년에 걸친 인류의 진화에서 단백질, 비료, 연료, 경작, 수송의 중요한 원천을 제공해 왔다. 가축은 전통적으로 농업체계의 통합적 부분이었고, 먹거리 원천과 밀접하게 길러졌으며, 작물생산의 투입(토양 영양분 및 경작)으로 사용되었다. 이후 산업적 축산으로 전환된 중심에는 특히 중국, 동남아, 라틴아메리카와 같은 발전도상국에서 육류 수요가 급

41) 이 소절의 내용은 Chapin III(2009: 273-276)을 축약한 것임.

속하게 폭증한 것이 큰 작용을 했다. 게다가 상대적으로 저렴한 사료, 수송의 개선, 사육 및 가공 에서의 기술혁신, 먹거리 안전에 대한 관심, 산업의 수직통합 등도 집약적 가축체계의 산업화와 공간집적을 가능케 했다. 도시화와 대규모 소매체인의 발전 또한 이들 시스템의 집약화에 이바지해 왔다.

산업적 축산은 가축생산의 생태적 기초를 취약하게 만든다. 가축의 먹이는 국제시장에서 최저비용을 토대로 공급되며, 그 구성이 농업 부산물이 아닌, 영양 및 상업가치가 더 높은 곡물, 생선 등으로 변화하고 있다. 동물 분뇨에 대립되는 화학비료가 작물을 비옥하기 위해 사용되고 기계가 가축 대신에 토지를 경작함으로써, 더 많은 화석연료 투입과 더 많은 온실가스 배출이 일어난다. 산업화의 패턴은 특히 소, 양, 염소 등과 같은 반추동물보다는 돼지, 조류 등 위가 하나인 동물에서 특히 두드러진다. 후자는 먹이를 더욱 효율적으로 집중하여 쓸 수 있고, 유전자의 급속한 개량에 유리한 단명 주기를 갖고 있기 때문에 그러하다. 또한 발전도상국 소비자의 입장에서는 돼지와 조류 제품이 덜 비싼 추세를 보인다.

가축 생산물의 국제무역이 생산보다 더 빨리 성장하면서, 현재는 소비자와 생산자 간 연관이 약화되고, 축산물 소비자가 자신들이 먹는 생산물에 대해 느끼는 책임감까지 영리하게 제거해 왔다. 산업적 축산의 지배력은 대다수 빈농 지역사회에서 이루어지는 소규모 목축체계의 가축생산이 시장에 접근하는 것을 제약해 오고 있다. 축산의 집약화는 발전도상국과 선진국 모두에서 지구적 규모로 단백질 소비를 증가시킨다. 그런데 이러한 축산 체계가 개선된 영양 주기, 효율적 물

사용과 먹거리 안전 조치를 통한 경제적, 생태적 환류의 필요성을 강화시킨다. 가축생산이 그것을 지원하는 생태적 토대로부터 탈각된다면, 지방적 스케일에서부터 지구적 스케일에 이르기까지 먹거리 생산체계의 회복력이 침해되는 것은 불가피하다.

나. 생물연료 붐과 승인적 먹거리 불의

생물연료 시장의 급속한 성장은 먹거리 생산체계의 회복력 측면에서 산업적 축산보다도 더 심각한 문제를 제기한다. 고가의 석유 생산물, 온실가스 방출 화석연료 등에 대한 대체물을 찾게 되면서, 최근 곡물에 바탕을 둔 생물연료 투자가 세계적으로 급등해 왔다. 미국과 같은 나라들은 농촌 재활성화의 수단으로 곡물에 바탕을 둔 생물연료 생산을 지원하기도 한다. 생물연료부문의 성장은 먹거리 생산체계의 회복력에 관한 다음과 같은 두 가지 중요한 질문을 제기한다.

첫째, 시간적으로 다양한 국가들의 생물연료 생산 목표에 부응하는 데 필요한 집약화 정도를 감안할 때, 농업생태계는 환경적으로 지속될 수 있는가? 둘째, 농업체계에 더 큰 수요 압력이 가중되고 이에 따라 농업생산물 가격이 상승할 때 극빈국 국민의 먹거리 안전은 유지될 수 있는가? 산업국 및 발전도상국 모두에서 소득상승에 따른 전체 에너지 사용은 계속 가파르게 상승할 것이고, 고유가 상태에서는 많은 나라들에서 생물연료가 에너지 발전의 중요 목표로 남아 있을 것이다. 유가가 하락할 때조차 많은 나라들에서 농촌 소득의 부양을 위한 정책 지원이 펼쳐져, 생물연료 생산설비가 지속적으로 팽창하리라는 예측도 있다.

곡물을 먹거리 대신 연료로 사용하려는 전환은 세계 농업 시장을 형성해 온 근본적인 경제동학을 바꾸고 있다. 에너지 및 식량의 수요는 둘 다 소득성장에 따라 상승하지만, 에너지의 증가율이 훨씬 더 높다. 세계 식량생산의 인상적인 증가와 결합된 엥겔 법칙에 의거하여, 지난 몇 십 년 동안 국제시장에서의 실질 먹거리 가격은 점진적으로 하락하는 추세를 나타냈다. 그렇지만 이 패턴은 농업과 에너지 부문의 새로운 연계에 따라 변동되고 있다. 에너지 시장이 점점 더 농업상품의 가치를 결정하게 되면서, 대부분의 농업상품의 실질가격 하락이라는 장기 추세는 역전되었고 엥겔법칙 또한 무력화되고 있다.

이러한 역전은 단기적으로 빈곤 지역의 먹거리 생산 농민을 잠재적으로 도울 수는 있다. 반면에 세계의 먹거리 불안정성에, 특히 생물연료 공급재료의 직간접적 대체물인 기본 먹거리를 소비하는 사람들에게는 막대한 부정적 결과를 낳는다. 현재 세계의 주요 생물연료 공급재료인 사탕수수, 옥수수, 카사바, 팜 오일, 콩 등은 만성적 기아 가운데 살고 있는 세계의 사람들이 소비하는 평균 칼로리의 약 30%를 차지한다. 따라서 이들 곡물을 세계의 연료소비를 위해 사용하는 것은 농촌의 소득성장이 비례적으로 상승하지 않을 경우에 전 세계 먹거리의 불안정을 증가시킨다. 또한 기본재료 곡물 및 그 대체물(옥수수, 콩, 밀 및 카사바 등)의 상품가격 상승은 특히 이 곡물들이 돼지와 조류의 주요한 먹이 성분인 관계로 축산업에 직접 영향을 미칠 것이다.

생물연료 발전과 결합된 먹거리 불안정의 위험은 2008년 범세계적 곡물가격의 급격한 상승으로 가시화된 바 있다. 지역적 기근 및 질병 관련 공급충격과 결합된 생물연료 기본재료에 대한 수요 증가(중국 및 신흥국 경제에서의 육류 수요 상승)는 금유시장의 투기를 제고시켰고, 먹거리 폭동과 정치적 불안에 직면한 많은 정부들에서 패닉을 불러왔다. 비록 2008년에 전개된 세계 식량위기에서 생물연료가 유일한 원인이었던 것은 아니지만, 농업 및 에너지 시장 사이의 긴밀한 연관은 먹거리 생산체계의 미래 회복력과 적절한 영양을 조달하는 빈곤층의 능력에 심각한 의문을 제기하고 있다.

공급 측면에서 생물연료의 지구적, 지역적 성장은 환경적 붕괴와 자원고갈의 위험을 창출한다. 예를 들어 미국은 브라질과 함께 양대 바이오에탄올 생산국인데, 얼마나 많은 옥수수가 경작지역 및 잠재적 산출 둘 다의 측면에서 생물연료를 위해 생산될 수 있을지에 대해서 근본적인 제약이 있다. 옥수수 지역은 최근 콩과 같은 다른 곡물을 대체하며 확장되어 오긴 했지만, 시기별로 가격 환류가 일어날 지역을 대체하는 양은 제한된다. 이전에 보전유보 프로그램을 위해 생산에서 벗어났던 일부 농토들은 이제 다시 옥수수 경작을 위해 되돌아오고 있다. 보전유보 프로그램 토지에서의 단일경작 도입은 보전유보 프로그램의 두 가지 주요 목표인 종의 다양성 및 야생 서식지에 부정적 영향을 줄 것이다. 미국 옥수수의 산출 잠재량은 유전자 이득의 측면에서도 제한되어 있다. 대부분의 산출 성장은 사용된 투입의 효율이 극적으로 개선되지 않는다면, 그것을 지원하는 주변 생태계에 부가적인 환경 스트레스를 초래하는 부가적 투입(비료, 물 등)으로부터 나오는 경향이 있다.

4. 먹거리 정의를 둘러싼 최근의 동향

오늘날의 세계적, 지방적 먹거리 체계는 풍요와 불의의 공존이라는 역설을 특징으로 한다. 이런 구조적 불평등을 치유하는 수단으로서 지방적 초점의 프로그램 개발이 21세기 먹거리 급진주의의 추동력으로 출현하고 있다. 수많은 지역사회 기반의 먹거리 및 농업 이니셔티브들이 먹거리 체계 이해당사자에게서 혜택을 받았다는 것은 의심할 나위가 없고, 그 결과는 불균등한 것으로 입증되었다. 이에 따라 국제적, 국가적 먹거리 불의의 구조를 배경으로 많은 먹거리 정의 활동가들이 도시에서의 건강, 공평성의 이슈를 중심으로 중앙 및 지방정부의 지원과 사회적 기업가 정신, 주민 및 활동가의 열정을 결합시키는 지방 초점의 먹거리 공동체를 계속 확장해 왔다.

오늘날의 먹거리 운동 활동가는 강한 공동체와 취식자-생산자 간의 사회적 연계 증대, 서로를 보다 살뜰하게 살피는 이웃, 대면 관계, 신뢰-투명성-접근성 등에 좀 더 관심을 갖게 되었다. 돌봄과 신뢰 같은 감성적 단어는 먹거리 정의 개념이 내세우는 이정표가 되고 있다(Dupuis et al. 2011). 나아가 스비카(Sbicca, 2018: 165)는 “먹거리 정의운동의 기초를 놓는 일은 그 운동의 의미와는 상관없이 열려진 사회운동의 공간을 갖게 된다는 의미에서 축복임과 동시에 저주가 되어 왔다. 먹거리 정의에는 다음과 같은 총체적 담론이 존재한다. 모든 사람은 먹는다. 따라서 모든 사람은 이 운동에 참여할 수 있다”라고 말한다.

스비카는 먹거리 정의가 많은 사회운동에 영향력을 지니기 때문에 폭넓은 호소력을 갖는다고 지적한다. 사상과 실천으로서의 먹거리 정의운동이 집합적 권력의 구축, 다양성 증진, 연대의 발굴 등을 유지하는 장점이 있는 것은 분명하다. 그럼에도 불구하고 2016-20년 미국 트럼프 행정부 하에서는 지난 몇십년 동안 먹거리 운동이 애써 만든 파머스 마켓 및 지방 먹거리 소비의 급성장과 식품안전 근대화법, 식품명찰법 등과 같은 작은 성과들이 위험에 처해졌다. 2020년 현재 '흑인의 삶은 중요하다' 운동, 기후 및 환경 정의운동, 도시권리운동, 노동운동 등은 모두 먹거리 체계의 불평등을 인식하고 이에 반대하고 있다. 예를 들어 흑인인권 집단운동은 생활협동조합과 같은 대안적 흑인기관에 대한 재정지원, 먹거리 인종차별의 근절, 흑인농민의 부채 탕감, 흑인농민 토지문제에 대한 연구를 포괄하는 정책 플랫폼을 발전시켰다. 아울러 미국의 기후정의연합은 내부의 '정의로운 전환의 원칙'을 통해 지방 먹거리 체계의 민주화와 깨끗하고 건강한 먹거리에 대한 권리를 내포하는 생태경제를 옹호하고 있다.

이러한 시도들은 또 다른 괄목할만한 역사적 발전을 이끌고 있는데, 바로 사회적 경계의 붕괴를 위해 먹거리 사용과 차이를 인정하는 연대의 고양이다. 예컨대 '꿈의 방어자(Dream Defenders)'라는 조직은 '만찬의 날'과 같은 기획으로, 변혁적 조직화를 통한 문화전환과 투쟁공동체의 반자본주의, 반인종주의, 반제국주의, 여성주의로의 반란을 꾀하고 있다. 2017년 6월 25일 1만 명이 넘는 사람들이 함께 식탁 앞에 모였다. 이 프로젝트의 목표는 식사 자리의 유쾌함을 활용하여 서로 다른 계급, 민족 및 인종, 성 및 종교적 배경의 사람들이 스스로 먹거리를 준비해 오게 함으로써 지방공동체의 벽을 허물기 위한 것이었다. 식사 전에는 다음과 같은 대화활동이 전개되었다. “당신이 겪은 불의의 경험을 기술하라. 그것은 당신 세계관을 어떻게 바꾸었는가? 당신은 누구의 해방을 염원하고 있는가? 당신을 지탱하는 희망의 전망은 무엇인가?” 등등. 이 행사는 사람들에게 앞으로의 사회정의 투쟁을 위한 영양을 공급한다는 의미가 있는 이벤트로 규정할 수 있다.

〈생각해 봅시다〉

1. 먹거리 불안을 야기하는 먹거리 불의의 요인들에는 어떤 것이 있겠는가? 달리 말해 분배적, 절차적, 승인적 측면에서 먹거리 정의가 확립된다면, 그것들은 각각 먹거리 안전의 확보에 어떻게 도움이 되겠는가?

2. 환경정의의 요소로 분배적, 절차적, 승인적 정의 외에도 역량의 정의가 거론되고 있다. 그렇다면 먹거리 역량의 정의라는 관점에서, SESs의 역량과 건강한 인간의 역량을 위해서 가장 시급한 것은 무엇이라고 생각하는가?

| 제6장 |

한국에서의 먹거리 정의와 먹거리 안전

1. 한국에서의 먹거리 불안의 징후들

(1) 식품첨가물과 유전자변형 작물, 그리고 미세 플라스틱

구달 외(Goodal et al., 2006)는 비만이나 당뇨, 심장질환 같은 만성질환부터 에이즈, 사스, AI 같은 전염성 질병까지, 인류 건강을 위협하는 많은 질병들이 잘못된 먹거리를 선택했기 때문에 발생한 것이라고 주장한다. '침팬지의 대모'라 불리는 구달은 농약과 항생제, 호르몬 등 각종 화학물질에 범벅된 농축산물과 해산물, 그리고 씨앗부터 그 정체가 의심되는 유전자변형 작물(Genetically Modified Organism; 이하 GMO)까지, 기성세대와 미래세대, 그리고 지구의 건강을 위협하는 먹거리를 밥상에서 몰아내야 한다고 역설한다.

여기에서는 앞서 다룬 전 세계적 먹거리 불안의 단면으로서 한국에서의 식품첨가물, GMO[42], 미세 플라스틱 등의 실태

42) 식품첨가물, 유전자변형 작물 등에 대한 내용은 함께 사는 길(2020: 34-35)을 축약한 것임.

를 점검해 본다.

먼저 식품첨가물은 식품을 가공, 조리, 보전하는 과정에서 인위적으로 맛을 첨가하거나 질감과 식감을 개선하기 위해, 또는 품질을 더 오래 유지하고자 첨가하는 화학물질을 말한다. 한국의 식품위생법이 허용하는 식품첨가물은 32개 용도의 619종에 이르며, 매년 그 종류와 생산량이 늘어 왔다. 대표적인 화학합성 식품첨가물의 용도와 사용식품을 살펴보면, 다음과 같다. D-솔비톨, 아스파탐, 사카린나트륨, 수크랄로스, 효소처리 스테이바 등 감미료는 먹거리에 단맛을 부여하기 위해 과자류, 빵류에 사용된다. 캬라멜 색소, 치자 적색소, 식용색소 황색4호 등 착색료는 먹거리의 색을 내거나 되찾기 위해 과자, 음료, 빙과류 등에 사용된다.

그밖에도 보존료, 산화방지제, 표백제, 향미증진제, 발색제 등 한국 사람이 하루에 섭취하는 식품첨가물은 수십 종으로 알려져 있다. 현재 식품의약품안전처는 동물실험에서 독성이 나타나지 않는 양의 1/100 수준에서 개별 식품첨가물의 일일 섭취량을 정하고 있는데, 이것으로는 위와 같은 복합섭취의 문제점을 예방할 수 없다. 또 식품첨가물 표시제는 품목별 주요 용도만 명시하도록 해, 합성/천연의 구분을 어렵게 한다. 심지어 287종의 식품첨가물에 대해서는 용도가 같을 경우에는 개별 명칭을 표기하지 않아도 되도록 규정하고 있다.

한편 GMO의 문제는 비교적 오래전부터 공론화되어 온 먹거리 불안이다. 그 사례로는 박테리아 유전자를 콩에 넣어 제초제 저항성 콩을 만들거나, 농작물이 살충성분을 스스로 만들도록 하는 해충저항성 옥수수 및 면화 등을 만드는 것 등이 있다. 현재 세계 GMO 시장의 95%는 독일 바이엘 사업본부로 흡수된 몬산토가 장악하고 있다. 몬산토의 제초제 저항성 콩을 심으면 제초제에 내성을 가진 슈퍼해충과 잡초들이 생겨나, 전보다 더 많은 제초제와 농약을 사용해야 한다. 이같이 GMO의 문제는 식탁을 넘어 농경지까지 침범하고 있다.

한국은 매해 1인당 식용 GMO를 44kg씩 수입하여 세계 1위를 기록하고 있다. 주요 수입품인 GMO 옥수수로는 올리고당, 옥수수 식용유 등을 만들고, GMO 콩의 대부분은 식용유를 만드는 용도로 쓰고 있다. 한국 사람이라면 비록 수입 옥수수와 콩을 직접 먹지는 않는다 해도 GMO의 식용을 피하기는 어려운 형편이다. 그런데도 유럽연합의 경우에는 GMO 작물 18개 전체를 표시하도록 의무화하고 있는 반면에, 한국에서는 7개에만 표시 의무를 부여하고 있다. 특히 가공식품의 경우에는 GMO를 원재료로 사용했더라도 잔류 단백질이나 DNA가 남아 있지 않으면 표기 의무가 없는 실정이다.

한편 미세 플라스틱 문제는 플라스틱 쓰레기가 바다를 오염시켜 감에 따라 날로 심각해지고 있는 먹거리 불안 요인이다. 김승규(2020; 김진호, 2020에서 재인용)에 따르면, 2018년의 조사 결과 한국산 해염(海鹽) 2종에서 각각 232개, 154개의 미세 플라스틱이 검출되었다. 미세 플라스틱은 동물성 플랑크톤에서부터 어류, 사람에 이르는 먹이사슬을 따라 상위 포식자로 갈수록 그 농도가 증가한다. 그만큼 인간 건강에 심각한 악영향을 미치게 될 불안 요인이다.

(2) 한국에서의 먹거리 양극화의 실태[43)]

먹거리의 생태사회적 회복력을 저해하는 것은 인위개변적 생태계 교란뿐만이 아니다. 사회적 불평등에서도 그 요인을 찾아볼 수 있다. 김홍주 외(2015: 201-208)는 한국의 먹거리 불평등을 양적 측면의 접근성과 질적 측면의 적절성에서 접근하고 있다. 먼저 양적 측면의 먹거리 접근성 실태를 한국에서의 결식률 통계에 의거하여 살피보자. 2013년 현재 소득수준별 결식률은 소득 하위 25% 이하 저소득 집단에서는 아침 25.8%, 점심 9.4%, 저녁 6.9%인 데 비해, 소득 상위 25% 이상의 고소득 집단에서는 각각 18.3%, 5.7%, 4.1%로 나타나는 차이를 보인다.

이런 양극화의 추세는 2013년 한국의 국민건강 영양통계에서의 식품안정성 확보가구 비율에서도 확인된다. '경제적으로 어려워서 자주(+가끔) 먹을 것이 부족하다'는 가구가 소득 상위 25% 이상에서는 0.5%에 그치지만, 하위 25% 이하에서는 18.3%에 이른다. 더 큰 문제는 2020년의 코로나19 팬데믹 이후 경제위기가 더 심화되면서 저소득층의 먹거리 구입이 양적으로 더욱 더 위협받고 있다는 사실이다. 2012년 기준으로 소득 하위 20% 이하 집단의 엥겔계수는 20.8%로, 상위 20% 이상 집단의 11.6%에 거의 두 배에 달한다.

한편 먹거리 양극화의 질적 측면은 안전하고 영양 많은 먹거리에 얼마나 충분히 선택가능하게 접근할 수 있는가와 관련된다. 김홍주 외(2020: 205)에 의하면, 한국에서도 고소득층

---

43) 여기에서의 논의는 김홍주 외(2015: 201-208)에서 인용했음.

은 웰빙 먹거리를 섭취하고 그렇지 않은 계층은 고칼로리 정크 푸드에 의존하는 '웰빙 디바이드(wellbeing divide)" 현상이 대두하고 있다. 2013년 현재 건강과 영양 수준을 결정하는 채소, 과실, 우유, 육류 등의 섭취량은 한국의 소득 하위 25% 이하 집단에서 상위집단보다 각각 53.9g, 69.5g, 19.5g, 5.5g씩 적은 것으로 나타난다.

나아가, 오래 전 지표이기는 하지만 한국영양학회(2005; 김홍주 외, 2015: 206에서 재인용)가 제시한 한국인 영양섭취 기준에 못 미치는 가구 비율이 성별, 연령별, 소득수준별로 어떻게 차이가 나는지를 살펴보자. 소득수준 하위 25% 집단 여성의 11.9%, 65세 이상 여성 노인의 8.9%가 영양 섭취 부족에 시달리고 있는 반면에, 상위 25% 이상 남성의 영양섭취 부족자 비율은 3.8%에 불과해, 뚜렷한 대조를 보였다. 아울러 서울신문(2015)의 보도에 따르면, 월평균소득이 1,022만원인 상위 1%의 부유층은 유기농 친환경 먹거리, 직접 재배한 로컬푸드, 백화점 명품관 식재료를 소비하는 데 비해, 월평균소득이 95만원인 하위 9%의 절대빈곤층은 패스트푸드, 라면, 수입산 식재료 등에 의존하고 있다.

2. 한국의 분배적 먹거리 정의 시도

김철규(2020: 197-198)는 한국사회에서 먹거리의 생산, 유통, 소비의 과정이 생태계와 미래세대에 부담을 덜 주고 사회적으로 포용적이어야 하는 조건들을 다음과 같이 제시한다. 첫째, 모든 사회 구성원에게 최소한의 먹거리를 보장하여 기본적 먹을 권리의 보편성을 실현한다. 둘째, 시민들이 안심하고 먹을 수 있는 건강한 먹거리를 생산하며, 생산자 농민은 농약의 위험에서 벗어나 건강과 환경을 지키는 자연순환적 농법으로 전환한다. 셋째, 먹거리 공급체계를 단순하고 짧게 하여 생산자와 소비자 간 신뢰를 쌓는 생활협동조합, 농민장터, 공동체 지원농업을 장려한다.

넷째, 먹거리 불평등을 해결하고 사회적 약자를 배려하는 것과 함께, 육식에 대한 근본적 성찰을 통해 가축사육 과정에서 동물복지를 실현한다. 다섯째 먹거리를 매개로 사고하고 행동하는 먹거리 시민을 양성해야 하는데, 이들은 먹거리 이슈에 관심을 갖고 먹거리에 대해 (생태)사회학적 상상력을 발휘하는 사람이다(괄호는 필자). 이와 같은 다섯 원칙 가운데 앞의 세 가지는 대체로 먹거리 정의의 분배적 차원과 관련되고, 네 번째 원칙은 승인적 먹거리 정의, 다섯 번째 원칙은 숙의적 거버넌스 구축을 통한 절차적 먹거리 정의와 연관성이 있다고 하겠다.

(1) 로컬푸드 운동과 도시농업[44]

한국에서의 분배적 먹거리 정의에 대한 접근은 무엇보다 먹거리와 관련한 정부, 기업의 시장 논리와 차별화되는 로컬푸드 운동, 도시농업, 그리고 생활협동조합과 같은 사회적 경제활동으로 대표된다. 먼저 로컬푸드 운동은 현대 먹거리 체계 아래 발생하는 먹거리의 공간적, 시간적, 장소적, 형태적

---

44) 여기에서의 논의는 윤병선(2015: 237-245)을 인용한 것임.

괴리의 확대를 극복하려는 운동이다. 화학비료나 농약의 대량 살포, 공장식 축산이 가져온 생태적 재앙과 먹거리 불안을 극복하려는 로컬푸드의 핵심은 자연농법의 순환 체계를 만들어 나가는 데에 있다고 하겠다. 로컬푸드 운동은 단순한 농산물의 직거래를 넘어서 지역 내 먹거리의 선순환을 통해 지역사회 재생을 도모하는 목표 또한 갖고 있다.

이런 이유로 로컬푸드 운동은 소규모 경작 농가들도 손쉽게 참여해 수도권 도시 중심의 지역불균형에 맞서는, 외부로의 화폐 유출을 막는 분배적 정의에 기여할 수 있다. 로컬푸드의 구체적 사례는 농민장터나 농산물 직판장의 운영에서 찾을 수 있는데, 최근에는 생산자와 소비자 간 신뢰를 바탕으로 하는 제철꾸러미 등의 배송 형태로까지 진화해 왔다. 대표적 제철꾸러미 사업으로는 전국여성농민회총연합의 식량주권사업단이 2009년부터 시작한 '언니네 텃밭'이 있다. 이 사업은 '얼굴 있는 생산자와 마음을 알아주는 소비자가 함께 만드는' 호혜적 먹거리를 지향하고 있다.

한편 5장 2절, 3절에서 다뤘던 도시텃밭의 경작은 한국에서 그리 활발하지는 못해도 최근 들어 도시농업의 형태로 진전하고 있다. 한국의 도시농업은 공간적으로 도시나 도시 근교 지역에서 행해지는 생업농업과 생활농업을 말한다. 도시농업은 소비자가 직접 생산에 참여함으로써 생산과 소비 간의 간격을 줄이고, 농산물의 공급 외에도 도시민의 농업 이해와 관심을 높이는 데 기여한다. 체험형, 학습형, 교류형 등 여러 유형이 있는데, 서울의 경우 마을텃밭, 학교텃밭, 청년텃밭, 힐링텃밭, 도시농업 공원 등 다양한 형태로 확산되어 왔다.

도시농업이 분배적 정의에 기여할 수 있는 이유는 신자유주의 세계화로 인해 먹거리의 생산, 가공, 유통, 소비가 점점 더 초국적 농식품복합체의 직간접적 지배 아래 놓여지고 있기 때문이다. 물론 한국에서의 도시농업은 먹거리 공급의 측면보다는 농사체험을 강조하는 형태로 정착되었기에, 로컬푸드만큼 운동 지향성이 두드러진다고는 할 수 없다. 따라서 한국의 도시농업은 먹거리 운동의 대안적 가치 지향을 분명히 하는 동시에, 서구에서와 같은 도시 커먼즈 논리로 확장될 필요가 있을 것이다.

(2) 생활협동조합의 활성화

먹거리의 생산자, 소비자, 노동자 간 평등을 추구하는 생활협동조합은 한국에서는 유기농산물 직거래 운동과 함께 발전해 왔다(윤병선, 2015: 233). 여기서는 한살림생활협동조합(이하 한살림생협)을 중심으로 한국에서의 먹거리 사회적 경제의 이념과 현실을 파악하도록 한다. 김신양(2016: 58-60)에 의하면, 한살림생협의 모태가 된 1986년의 한살림선언은 '무위이화(無爲而化)', '불연기연(不然其然)', '향아설위(向我設位)'라는 세 가지 주요 개념에 바탕을 두고 있이다. <상자 10>은 동학사상에 연원을 둔 이 개념들을 정리한 것인데, 한국형 생활협동조합이 지향하는 생명협동운동의 특성을 잘 나타내고 있다.

〈상자 10〉 한살림생협의 주요 개념

1. 무위이화 : 우주와 인간이 협력하여 창조적 진화를 이룩하는 것을 의미한다. 생명은 연결되어 있고 관계 속에 존재하므로 협동이라는 본성을 지니게 됨을 뜻하기도 한다. 이러한 협동은 사람과 사람 사이를 넘어 자연과의 상호작용에까지 이르는 크고 넓은 범주이다.

2. 불연기연 : 그대로 해석하면 '아니다, 그렇다'인데, 이는 반대라고 여기는 것의 의미를 뒤집는 논리이다. 어느 한 시점에서만 바라볼 것이 아니라 변화발전하는 시간과 공간, 관계 속에서 바라보면, 대립이나 반대의 시각, 또는 옳고 그름의 이분법이 아닌 '다름'의 관점에서 볼 수 있다는 뜻이다.

3. 향아설위 : 나를 위해 제사를 지낸다는 뜻으로, 나의 존재를 역사 속의 존재로 인식하고 나를 나의 삶의 주인으로 세우는 과정을 가리킨다. 이는 결사체의 토대가 되는 주체의 자유함을 강조하며, 내가 없이 우리가 될 수 없음을 설파한다.

1986년 '한살림농산'에서 시작된 한살림생협에는 2018년 현재 60여만 명의 조합원이 가입되어 있다(구도완, 2019: 109-113). 한살림생협은 1988년 4월 협동조합의 조직 틀을 만들고, 먹거리 직거래 운동을 통해 밥상살림, 농업살림, 생명살림의 세 가지 목표를 추구해 왔다(한살림 부산, 2019). 한살림생협은 인건비, 물류비, 홍보 및 교육비, 조합원 활동비, 사회적 약자를 위한 지원 등의 운영비를 제외한 모든 비용을 생산자에게 돌아가도록 정하고 있는데, 2018년 현재 전체 예산의 73%가 생산자 몫이고 27%만 운영비로 쓰이고 있다. 시중의 농산물은 기후, 수급 상황 등에 따라서 가격의 폭등과 폭락이 빈번하게 나타나지만, 한살림생협은 가급적 약속한 가격으로 일정하게 공급한다. 이 약속은 생산자와 소비자, 실무자 등이 매해 농사를 짓기 전에 작목별 회의를 열어, 어느 만큼의 농사를 어느 지역의 누가 어떻게 지을 것인지, 가격은 어떻게 할지를 논의함으로써 이루어진다.

투기적으로 가격이 정해지는 시장의 관행과는 달리, 적정한 물품 가격을 약속하는 생활협동조합의 체계는 회복력 있는 먹거리 확보에 유리한 조건이 된다. 이해진(2019: 121)은 달걀에서의 DDT 검출이라는 먹거리 위험 파동에 대응하여 대안적 먹거리 시스템을 지향하는 생활협동조합이 어떻게 회복력을 구축했는지를 분석한다. 그에 따르면, 기업, 정부는 먹거리 위험을 생산자가 책임지게 하는 위험 권력인 반면, 생활협동조합은 생산자, 소비자 등 주체 간 권력관계를 민주적, 공동체적 방식으로 평등하게 조정한다. 이를 통해 생활협동조합이 먹거리 회복력을 발휘할 수 있다고 본다.

3. 절차적 먹거리 정의의 확산

5장 3절에서 다루었듯이, 절차적 먹거리 정의운동은 거시적, 미시적 차원으로 구분된다. 거시적 차원의 절차적 정의는 주로 기존 제도의 병리적 경로의존성을 변전시키거나 새로운 제도를 창출하기 위한 절차적 노력과 관련된다. 이에 비해 미시적 차원은 먹거리 관련 시민단체가 국가 및 지자체의 의사결정 절차에 개입하여 숙의성을 제고하는 시도라고 할 수 있다. 여기서는 전자의 사례로 시민단체와 교육청 간 먹거리 정의를 위한 파트너십 형성을, 후자의 사례로 바른 식생활을 위한 민간 네트워킹의 발전을 살펴보도록 한다.

(1) 선택적 채식급식의 제도화를 위한 파트너십 - 울산 사례를 중심으로[45)]

가. 채식평화연대의 활동[46)]

그러면 '채식평화연대'라는 시민단체의 문제제기를 교육청이 '채식선택 폭의 확대'라는 정책으로 대응한 사례를 검토해 보자. 채식평화연대의 활동에는 학생들을 대상으로 한 세계의 학교 밥상에 대한 주제 강의도 포함되어 있다. 이 강의에서는 외국 먹거리 교육에 대한 정보를 소개하여, 개인이 지구와 건강을 위해 바로 지금 스스로 먹거리를 선택할 수 있도록 유도한다. 아울러 이 단체는 영양(교)사 연수의 일환으로 채식교육 강의를 진행하며, 식물기반 영양학에 대한 이해와 접근법을 주제로 한 교사연수 또한 실시한다.

이 연수는 최근 전 세계적으로 유행하고 있는 식물기반 영양학에 대한 이해와 이를 학교 식단에 반영하는 방법을 습득하고, 먹거리에 관한 철학과 바른 섭생법을 교육하려는 것이다. 나아가 미국, 유럽, 아시아권의 학교밥상 문화를 살펴보고, 건강한 학교밥상을 위한 현미 식물식단 작성법을 익히기도 한다. 이와 함께 학부모를 대상으로 채식을 통한 '건강한 가족 만들기'라는

---

45) 이 소절의 내용은 한상진 외(2020)를 인용했음.

46) 채식평화연대는 건강, 환경, 생명, 평화 등 인류의 영성 진보를 위해 채식문화를 확산하고자 하는 비영리단체이다. 채식평화연대 카페, https://cafe.naver.com/vegpeace/6027 참조.

주제 강의를 진행하고 있다. 이 강의는 매일 먹는 식단의 중요성을 몸으로 체험하도록 하고, 식단의 변화를 통해 오랜 지병을 치유, 관리할 수 있는 가능성을 제시하는 데 초점을 둔다.

또한 선입견 없이 채소, 과일과 친해지는 법을 배우고, 평소 학교밥상에서 제공되는 식단의 문제점을 스스로 깨닫도록 해서 건강한 학교밥상에 대한 인식을 함양시킨다. 한편으로 교직원들에게도 채식교육 강의를 실시하는데, 교직원 전체 혹은 대사증후군을 가진 교직원을 대상으로 한다. 한 달 동안 채식식단을 실천해 보고 실천 전후의 구체적인 변화를 스스로 점검하도록 해서, 식단 변화를 통한 지병의 치유와 관리를 직접 체험하게 한다. 이로써 자신의 몸에 대한 관심을 제고시키고자 함이다.

나. 채식선택 급식의 추진 과정

2018년 6월 채식평화연대는 지방선거 교육감 후보들에게 채식관련 정책에 관한 공개질의서를 보냈다. 그 내용은 육류 섭취 급증, 식생활 변화에 비례하는 성인병 발병, 특히 소아, 청소년들의 건강에 대한 적신호 등이 주요 골자였다. 이와 함께 육류 소비와 공장식 축산이 지구환경오염과 기후변화에 부정적 영향을 끼치는 요인임을 적시하고, 채식을 통해 환경에 미치는 악영향을 줄이자는 제안을 담고 있다. 채식평화연대가 질의한 내용은 다음과 같다.

첫째, 환경, 생명권, 시민 건강을 위한 측면에서 육식을 줄이고, 채식을 권장해야 한다는 사실에 대하여 후보의 공감 정도는 어떠한가?

둘째, 먹거리는 건강을 위해서 뿐만 아니라, 자연과 생명에 대한 교감을 통해 자아정체성을 확립시키는 데도 중요한 교육적 가치를 지니고 있다. 날로 증가하는 청소년 자살 및 우울증, 정서장애 등의 병적 현상을 치유하기 위하여 건강한 먹거리 교육과 비폭력적 생명문화인 채식에 관한 교육이 필요한데, 학생들과 학부모, 교직원들을 대상으로 이런 내용의 교육과 홍보사업을 추진할 계획이 있는가?

셋째, 육류 대신 채식(식물기반 자연식)을 선택하고자 하는 어린이와 청소년들의 선택권을 보장하기 위해, "급식 시 채식메뉴 제공 의무화(수요가 있을 시)" 또는 "채식/육식 선택가능 급식"에 찬성하고 이를 시행할 의향이 있는가?

넷째, 현재 한국에서는 70여개 시민단체를 비롯하여 서울특별시와 광주광역시에서 채식친화정책을 시행 중이며, 전북교육청은 채식급식 매뉴얼을 만들어 보급하고 주1회 채식급식을 선택적으로 시행하고 있다. 후보는 세계적 흐름에 맞춰 주1회 이상 채식급식을 장려하고 정책적으로 지원할 의향이 있는가?

다섯째, 현재의 일반적 학교급식은 대사증후군을 유발하는 정제탄수화물과 첨가물, 화학조미료 등을 과도하게 사용하고 있고, 육류가공식품과 트랜스지방이 많은 튀김류 메뉴의 남발로 먹을수록 건강을 악화시키고 있다. 학생들은 맞벌이부부의 증가로 인해 학교급식에 대한 영양의존도가 높아지고, 입시위주의 교육제도 때문에 집밥 대신 급식을 통해 성장하고 있는 실정이다. 학교급식에서 현미밥을 중심으로 한 건강한 채식 식단의 비율을 높이고, 다양한 채소에 대한 요리법과 건강한 식단에 관한 매뉴얼 제작, 교육, 급식비 지원 등을 지원하고 확대해 나갈 의향이 있는가?

여섯째, 칼슘 섭취를 위해 여전히 우유급식이 필요하다는 주장도 있긴 하나, 최신 연구들에선 우유를 통한 칼슘 섭취가 뼈 건강에 도움이 되지 않는다는 결과들이 속속 발표되고 있다. 또한 모든 연구에서 매일 충분한 채소와 과일을 섭취하는 식습관이 뼈 건강을 향상시키는 것으로 일관되게 보고되고 있다. 후보는 반강제적인 우유급식 대신, 학생들에게 제공되는 간식으로 '채소과일 급식'을 진행할 의향이 있는가?

일곱째, 언급된 정책들과 별개로, 후보 본인의 식생활에서 실제 채식의 비중을 어느 정도로 두고 있는가? 그리고 앞으로 어느 정도로 실천할 의향을 갖고 있는가?

이상의 질의에 대해서 14개 지역의 15명 교육감 후보들에게 답변을 받았다. 먼저 첫 번째 질의와 관련해서는 후보들이 채식권장 필요성은 물론 학생, 교사, 학부모에 대한 채식교육 필요성에도 대체적으로 공감하였다. 또 두 번째 질의에 대한 각 후보들의 답변은 <표 1>과 같다.

〈표 1〉 먹거리 및 채식 교육의 필요성에 대한 전국 교육감 후보의 반응

건강, 생태, 비폭력 생명문화의 관점에서 교육 진행	인천 도성훈, 충남 김지철, 전북 김승환, 전남 장석웅, 경남 박종훈
소규모 학교들의 특색교육 일환으로 진행	경북 이찬교
건강한 먹거리 및 식생활의 관점에서 교육 진행	서울 조희연, 부산 김석준, 광주 장휘국, 경기 송주명, 제주 이석문, 충북 김병우
정규수업에 포함될 수 있도록 노력	광주 최영태
적극 추진하겠음	강원 민병희
교육주체들과 소통 후 결정	울산 노옥희

세 번째 질의에 대해서는 대부분의 후보들이 현재의 학교 급식 여건상 어려움이 있음을 인정하면서도, 건강이나 환경, 생명권을 이유로 채식을 실천하는 학생들을 위해서 적절한 채식메뉴를 제공하는 것은 인권과 다양성 측면에서 중요하다는 사실에 공감했다. 광주 장휘국, 광주 최영태, 충남 김지철, 전남 장석웅, 경북 이찬교 후보 등은 수요가 있을 시 채식메뉴를 제공하도록 하겠다는 적극적인 반응을 보였다. 울산 교육감 후보는 현실적 어려움이 있긴 하지만 건강, 인권, 다양성 존중의 측면에서 적극 고려하겠다고 답변했다.

한편 네 번째 질의에 대한 각 후보들의 답변은 <표 2>와 같다. 대부분의 후보들이 주1회 채식 운동의 취지에 공감하였고, 울산 교육감 후보는 현실적 여건을 감안하여 의견 수렴 후 고려하겠다는 답변을 보내 왔다. 특히 이미 자율적인 주1회 채식을 실시하고 있는 부산, 광주, 전북 지역 후보들은 이를 더욱 확대하겠다고 답변했고, 이외의 지역들에서는 학부모와 학생, 학교 실무자의 준비 및 요구 정도를 감안하여 실시 여부를 결정하겠다는 입장을 피력했다.

〈표 2〉 주1회 이상 채식급식 정책 지원에 대한 교육감 후보의 입장

주1회 채식 이미 시행 중	부산 김석준, 광주 장휘국, 광주 최영태, 전북 김승환
적극적으로 검토 추진	인천 도성훈, 강원 민병희, 충남 김지철, 전남 장석웅, 경북 이찬교
월1회 채식 우선 실시 후 확대 고려	충북 김병우
현실적 여건 감안 및 의견수렴 후 고려	서울 조희연, 울산 노옥희, 경기 송주명, 경남 박종훈, 제주 이석문

다섯번째 질의에 대해서는 모든 후보들이 현미 중심의 건강한 채식식단에 대한 매뉴얼 제작과 급식비 지원에 동의하였다. 이 중에서 서울 조희연, 부산 김석준, 경남 박종훈 후보는 '학교급식 레시피 개발', '학교밥상 경진대회', '백리식단'(40km 이내 생산된 식재료로 학교급식 운영) 사업의 일부로 현미밥과 채식 메뉴를 개발하여 보급' 등을 시행하겠다고 좀 더 구체적인 반응을 나타냈다.

우유 급식을 대체할 채소과일 급식에 대해서는 대부분의 후보들이 현재의 우유급식이 학생들의 선택에 의해 진행되고 있기는 하지만, 학생들의 선택권 확대 차원에서 채소과일 급식도 병행하겠다고 답변했다.[47] 한편 경상북도 이찬교 후보의 경우에는 "경북에서 생산되는 포도즙, 사과즙, 복숭아즙, 배즙 등 다양한 선택을 할 수 있도록 지원하겠다"는 구체적 답변을 내놓았다. 경남의 박종훈 후보는 채소과일 급식 시 발생할 수 있는 예산 및 공급체계 상 문제에 대해 대책을 마련하겠다고 응답했다(<표 3> 참조).

47) 그런데 농림축산식품부와 교육부의 「2018년 학교우유급식 표준 매뉴얼」에는 "우유급식 업무 담당자는 초등학생을 대상으로 미신청 학생에 대해 필요시 학생 상담 등을 통하여 가급적 우유급식에 참여를 유도한다"거나 '우유 알러지 등으로 음용이 어려운 학생에게 지원 대상 품목이 아닌 과즙 음료 등 타제품의 지원을 금지하며, 이를 어길 경우 보조금을 환수할 수 있다' 등으로 명시해 놓고 있다. 실제 학교 현장에서는 자율적으로 우유급식과 채소과일 급식 중 하나를 선택하는 것이 현실적으로 어려운 실정이다.

〈표 3〉 우유급식을 대체하는 채식급식에 대한 교육감 후보의 입장

이미 채소과일 지원사업 시행 중	부산 김석준
학생들이 우유급식과 채소과일 급식 중 자율적으로 선택	인천 도성훈, 경기 송주명, 전북 김승환, 전남 장석웅, 광주 최영태, 제주 이석문
지역 생산 과즙을 공급할 수 있도록 지원	경북 이찬교
비용, 공급체계 문제 대책 마련 후 고려	광주 장휘국, 경남 박종훈
적극 공감함	강원 민병희
전문가 및 교육주체들의 의견수렴 우선	충북 김병우, 충남 김지철

다. 채식선택 급식의 내용과 울산에서의 민관 파트너십에 의한 제도화

'채식선택 급식'이란 종교, 윤리, 환경적인 이유, 또는 건강상 이유 등으로 육식을 피하고 식물성 재료로 만든 음식만을 먹는 학생들을 위해, 육식(붉은고기, 생선 등)을 뺀 제거식이나 대체식을 제공하는 것을 말한다. 세계보건기구는 하루에 채소 및 과일을 400g 이상 섭취할 것을 권고하고 있는데, 한국의 경우에는 그 섭취 비율이 낮게 나타난다. 그 중에서도 특히 아동 및 청소년기의 섭취율은 더욱 낮은 실정이다. 초, 중, 고교의 급식 메뉴는 육류 중심으로 편성되어 있고, 대부분의 반찬에는 동물성 재료가 포함되어 있다. 이처럼 편향적인 급식 메뉴의 편성은 채식을 선택하고 싶어 하는 학생들에게 고스란히 피해를 떠넘길 수 있다.

채식선택 급식의 시행 방법은 각급 학교에서 알레르기 학생을 관리하는 방식과 비슷한데, 희망학생 명단을 파악하여 정확한 상담(학부모 전화상담 등)을 통해 제거식, 대체식 등을 학교별로 자율 시행하도록 되어 있다. 다만, 채식을 희망하는

학생들에 대한 영양 제공이 소홀하지 않도록 유의해야 한다. 채식선택 급식의 대상 학생은 2020년 7월에 파악한 '채식급식 희망자' 명단에 근거하여 개별 전화상담 등을 통하여 정확하게 파악한다. 너무 많은 희망자 등이 발생하는 등 필요시에는 재조사를 통해 관리하도록 하고 있다.

채식선택 급식을 선택한 학생들의 생선이나 어패류 취식 가능 여부에 대해서는, 개인 질병 등의 학생관리 방법과 유사하게, 단계별 채식주의자 규정에 따라 학생이 어떤 경우인지를 정확하게 파악하여 관리하도록 한다. 한편 학생은 원하지 않으나, 학부모가 편식교정을 목적으로 채식을 희망하는 경우가 있을 수 있다. '채식선택 급식'은 육식을 하지 못하거나 하지 않는 학생들을 위한 제도이기 때문에, 학부모가 편식교정을 원할 때에는 영양(교)사와 가정이 연계하여 영양상담 및 교육이 이루어지도록 해야 한다.

울산광역시 교육청(이하 시교육청)은 2020년 10월부터 울산지역 초, 중, 고교 학생들의 '채식선택 급식'을 보장하면서 '고기 없는 월요일'48)도 추진하고 있다. 이에 앞서 2020년 7월부터 매월 1회씩 '채식의 날'을 운영해 왔는데, 기후변화 대응, 온실가스 감축을 겨냥한 생태환경 교육의 일환이라 할 수 있다. 이 운동을 주도한 울산채식평화연대는 기후위기 대응을

48) '고기 없는 월요일'은 육고기(돼지, 소, 닭, 오리 등)만을 제한하는 식단으로서 계란, 우유, 생선과 어패류는 모두 사용이 가능하다. 이 캠페인은 2009년 영국의 저명인사들이 지구온난화를 유발하는 온실가스 감축을 위해 '고기 안 먹는 월요일' 캠페인을 시작한 것에서 유래되었고, 한국에서는 2010년부터 '고기 없는 월요일' 운동으로 출발되었다. 한상진 외(2020) 참조.

위한 채식 활동의 일환으로, 2019년 11월 시교육청 강당에서 열린 기후변화 강의를 계기로 채식급식 정책을 교육감 이하 교육청 공무원들에게 건의하였다. 이 정책이 학생들에 대한 기후위기 및 지구환경 보전 교육을 강조하는 교육감의 정책 방향에 부합하면서, 메탄가스를 줄이고 공장식 축산운영을 감소시키는 채식급식이 긍정적으로 검토되게 되었던 것이다.

시교육청은 채식급식의 확대를 '울산교육청형 채식급식 활성화'라는 이름으로 추진하면서, 각 단위별로 사업을 진행하고 있다. 그 내용으로는 채식급식 활성화 추진단 구성, 주1회 채식의 날 시범학교 운영, 월1회 채식의 날 전체 학교 운영, 학교급식에 적용 가능한 채식식단 레시피 개발 및 보급, 급식 종사자(영양(교)사, 조리사) 대상의 다양한 채식요리법 연수 등이 제안되고 있다. 울산교육청형은 동물성 식품섭취에 따른 만성질환 증가, 공장식 축산 및 양식업의 문제와 이로 인한 온실가스 배출이 야기하는 기후변화 및 환경 문제와 관련하여, 채식급식 활성화로 저탄소 사회구현의 촉진제 역할을 수행하고자 한다. 특히 수요자인 급식 대상 학생들에게 채식 선택권을 부여하는 생태급식 체계를 구축하기 위해서, 시교육청의 채식급식 명칭인 '울산교육청형'을 강조하고 있다.

울산광역시 교육청 체육예술건강과(2020)에 의하면, 채식급식 활성화 추진단은 7명[영양(교)사, 조리사, 채식평화연대 등의 대표]으로 구성되어, 2020년 1~8월 동안 월 1회 울산교육청형 채식급식의 활성화 방안을 논의해 왔다. 또한 초중고와 특수학교 전체를 대상으로 월 1회 채식의 날 운영을 권장하고 있는데, 2021년부터는 월 1회 운영을 의무화하도록 규정하고 있다. 2020년 한 해는 학교현장의 사정에 맞춰 선택급식을 운영하도록 했다. 다른 한편으로, 희망학교를 선정하여 주 1회 채식의 날을 현장에 맞춰 운영하도록 하며, 2020년 하반기에 전체 초중고 및 각종 특수학교의 영양(교)사, 조리사 등은 물론이고 학생, 학부모를 대상으로 채식 급식의 공감대 형성을 위한 채식연수를 실시하기로 했다.

채식을 해야 되는 이유에 대한 시교육청의 입장을 보면, 전세계적으로 주 1회 채식 운동이 활발하게 일어나는 가운데, 국내 대기업에서도 채식의 날을 만들어 전 사원에게 채식을 공급하는 데 유의했음을 알 수 있다. 기업이나 타 도시의 사례를 보면, 대표적 급식업체인 '아워 홈'의 경우 채식만으로 이뤄진 '에코 밥상'을 개발하여 시판해 왔고, 경남 마산시와 강원병무청 등 공공기관도 '채식 실천' 운동에 적극적으로 참여하고 있다. 따라서 울산 관내 급식 또한 세계적 흐름에 동참하여 기후문제, 질병문제에 관심을 갖고 아이들의 건강을 지켜야 할 시점이 되었다는 것이다.

(2) 식생활교육 네트워킹의 진전

농림축산식품부·식생활교육국민네트워크(2012)에 의하면, '국가 식생활교육 기본계획'은 2010년에 5년 주기로 처음 마련된 이후 2015년, 2020년까지 세 차례에 걸쳐 진전되어 왔다. 여기서는 농림축산식품부 외(2015)와 관계부처 합동(2020) 자료를 바탕으로, 2010년 이후 10년간의 식생활교육 네트워크의 진전 내용을 검토하고자 한다. 먼저 '2010-14 국가 식생활교육 기본계획'에서는 식생활교육 인프라 구축, 환경친화적인 식생활 기반 구축, 한국형 식생활 실천, 체험을 바탕으로 배려와 감사하는 식생활이라는 네 개의 추진과제를 설정했다. 여기서 보는 것처럼, 1차 기본계획에서는 식생활 개선을 위한 민관 거버넌스가 강조되어 있지는 않다. 하지만 2009년 이 계획을 수립하는 계기가 된 '식생활교육지원법'이 제정되기까지는 '국민농업포럼'이라는 시민단체 네트워킹의 큰 역할이 있었다.

식생활교육국민네트워크는 2010년 2월 창립되었는데, 식생활 전반에 대한 국민적 이해와 인식을 높여 국민건강 증진과 환경생태계 보전, 농어업 및 농어촌의 활성화를 이루고자 하는 목표로 출범했다(농림축산식품부·식생활교육국민네트워크, 2012: 101). 이 조직은 중앙 차원에서 60개 단체, 지역 네트워크까지 포함하면 360개 단체의 민간 네트워크로 발전하면서, 10년 동안 먹거리 안전과 올바른 식생활 교육의 주체로 활동해 왔다. 지역 네트워크의 예로는 식생활교육 경기네트워크를 들 수 있다. 32개의 단체들이 2011년 6월 창립한 이 조직은 그 해 8월 경기도 식생활교육 지원조례의 제정을 이끌면서, 시군구 단위의 풀뿌리 네트워킹을 주도하고 있다.

한편 '2015-19 국가 식생활교육 기본계획'은 지역 단위의 식생활교육 활성화, 식생활교육 체험기회 확대 및 바른 먹거리 접근성 향상, 그리고 관련부처 연계협력 및 민관 거버넌스 강화라는 세 가지 목표를 설정해, 1차 기본계획에 비해 시민단체의 중앙정부 및 지자체와의 네트워킹을 좀 더 강조하고 있다. 농림축산식품부 외(2015: 80)에 의하면, 2차 기본계획은 식생활교육 대상별로 세분화된 접근을 하는 한편으로, 민관협력

조직인 식생활교육지원센터의 지정을 확대하고자 했다.

끝으로 가장 최신인 '2020-24 국가 식생활교육 기본계획'은 2차 기본계획이 저소득층, 고령자, 다문화가정 등 사회경제적 취약계층을 위한 식생활교육이나 체험 프로그램 보급에서 한계를 보였다고 지적한다(관계부처 합동, 2020: 7). 3차 기본계획은 이같이 분배적 먹거리 정의에 초점을 맞추는 것과 함께, 농업과 환경의 공익적 가치 확산과 민관 협업에 의한 지역내 교육수요 발굴을 주요 전략으로 삼고 있다. 특히 지역의 공유공간(commons)을 활용한 농업 먹거리 지원과 식생활교육을 명시함으로써, 마을부엌 등의 조성을 통해서 지역 내 먹거리 취약계층의 식생활교육 접근성을 제고하고자 했다(관계부처 합동, 2020: 38).

4. 분배적 정의와 절차적 정의 간 긴장 사례[49]

앞서 살핀 생활협동조합의 분배적 먹거리 정의 추구는 시장 중심의 자본 논리에 좌우되는 제도적 환경 속에 처해 있다. 따라서 생산자, 소비자, 노동자 간 호혜적 협동의 실천을 통해 먹거리 시장의 투기적 위험 및 불안이라는 병리적 경로를 변전시키려는 시도는 종종 병리적 경로라는 이런 제도적, 절차적 제약과의 긴장을 유발할 수 있다. 달리 말해, 먹거리 시스템 속에 위치하는 개별 생활협동조합 단위에서는 생산자, 소비자, 노동자 간 평등이 어느 정도 실현되더라도, 지구적, 국가적 스케일에서 관철되는 시장 및 사적 소유 논리라는 제도

49) 이 절에서의 논의는 신유정(2020)을 요약한 것임.

적(절차적) 불의가 이런 분배적 먹거리 정의를 침해할 수 있다는 것이다.

이 절의 사례인 ㅇ소비자생활협동조합(이하 ㅇ생협)은 1998년 7개 회원조합과 4개 준회원조합에 뿌리를 두고 출발한 조직이다. 2018년 말 현재 기준으로 전국 99개 지역생협, 연합회 및 관련 10개 자회사, 10개 비사업 지원조직, 파머스쿱 및 관련 9개 자회사, 24개 식품중소기업 등이 입주한 두 곳의 네트워크 조직을 거느리고 있다. ㅇ생협은 고용노동부 인증 사회적 기업으로서, 환경을 살리고 건강에 좋은 친환경 유기농식품의 생산과 소비는 물론, 공정무역 제품과 사회적 가치 제품을 확산하기 위한 윤리적 소비체제 구축과 사람 중심 경제를 지향해 왔다. 2019년 현재 소비자 조합원수는 29만 3,812여 세대이고, 직원 수는 3,910명, 조합원 물품 공급액은 5,800억원에 이르고 있다.

지난 20여 년간 해당 생활협동조합은 '윤리적이고 안전한 소비 실천'과 '농촌의 친환경적 발전'을 중심 기조로 삼아 다음과 같은 성과를 거두었다. 첫째, 소비자 조합원에게는 민주적 참여와 친환경 안심 먹거리를 보장하였고, 둘째, 생산자들에게는 안정적인 공급처가 되었으며, 셋째, 직원들에게는 양질의 일자리를 제공해 왔다. 이런 성과를 가능하게 하는 요인으로는 생협, 생산자, 소비자, 노동자 등의 사회적 연대가 꼽히고 있다. 그런데 신유정(2020)은 ㅇ생협에서의 소비자, 생산자, 노동자 참여가 주로 사업체 자본금 확보를 위한 출자의 문제로 소급됨으로써, 구성원들 각각을 시장 중심적으로 규율하는 방식으로 기능하고 있다고 비판한다.

소비자 조합원의 자발적인 "윤리적이고 착한 소비" 운동과 농촌 생산자들의 생산품 품질 유지를 위한 노력, 그리고 제대로 된 서비스를 제공하고 고객 설득을 담당하는 노동자들의 마케팅 능력 등은 자발적 참여를 통해 논의가 이뤄지고 있다. 하지만 사회적 가치를 표방하는 참여 실천이 적극적으로 이루어질수록, 역설적이게도 시장 중심적 경향과 소비주의가 강화되는 딜레마가 발생되어 왔다. 더구나 이런 '참여'의 담론은 소비-유통 측과 농민 생산자들 사이의 비대칭적 권력관계나, 노동자들이 일상적으로 감내해야 하는 시장 중심적 규율과 시각의 문제를 은폐시키는 이데올로기로까지 작동할 수 있다.

ㅇ생협은 "출자하면서 경영하고 일하는 사람"으로 정의되는 '오너 파트너(owner partner)' 전략을 취하고 있다. 이를 통해 생활협동조합이 필연적으로 맞닥뜨리게 되는 무임승차의 위험을 줄이고, "이익뿐 아니라 손실도 함께 책임지"며 "같은 목표를 공유"하도록 유도하기 위함이다. 그렇지만 신유정(2020)은 생활협동조합의 세 주체인 소비자, 생산자, 노동자를 중심으로 오너파트너십의 양상을 살펴본 결과, '주인(owner)'이 되기 위한 구체적 실천은 출자(혹은 투자)로 귀결되고 있다고 주장한다. 또, 이처럼 구성원들의 경제적 참여를 강조하는 것은 자본금의 모집 목적만이 아닌, 구성원들의 이해관계를 일치시켜 같은 목적의식을 갖도록 하는 데에도 있다고 지적한다.

ㅇ생협의 소비자 조합원들은 각종 마을모임과 소모임 등을 통해 출자자이자 소비자로서 '윤리적이고 착한 소비'를 시민참여적인 실천 운동으로 확장해 나가리라는 기대를 받는다. 생산자들은 위와 같은 윤리적 소비 운동이 지속가능하도록

생산품의 품질을 유지함으로서 '진짜 주인'이 되도록 노력해야 한다. 노동자들은 이에 걸맞는 서비스를 제공하고 제품의 차별성을 소비자에게 설득해 낼 수 있어야 하며, 심지어 회사의 손실까지도 함께 책임지고자 하는 주인의식을 갖도록 요구받는다. 요컨대 오너파트너십을 통해 구성원의 참여를 독려하는 해당 생협의 내부 정책에 따라서, 이해당사자의 자발적 참여가 활발해질수록 기업의 시장 중심적 경향은 오히려 강화된다는 것이다.

5. 한국에서의 승인적 먹거리 정의

(1) AI, 아프리카 돼지열병의 창궐

여기서는 승인적 먹거리 정의의 관점에서 인간 감염병과도 점점 밀접히 연계되고 있는 조류 및 돼지의 감염병 위기에 대해 다루어 보겠다. 이런 동물 감염병은 코로나19 팬데믹 등과도 생태적 순환고리를 같이 한다는 사실에 유념할 필요가 있다.[50] 2020년 겨울, 인간 건강을 위협하는 코로나19 변종이 출현하는 와중에서 먹거리 안전에 치명적인 AI와 아프리카 돼지열병도 동시에 창궐하고 있다(한겨레신문, 2020.12.28.).

이미 2016-17년에 HN6형, H5N8형 등 두 유형의 AI가 전국적으로 383건 발생하여 닭 3,179만 마리, 오리 332만 마리, 메추

---

50) 이러한 감염병의 생태적 연쇄는 '브루셀라병'이라는 인수공통 감염병까지 확산시키고 있다. 중국에서 2019년 여름 백신 생산공장의 부주의 탓에 발생한 브루셀라병 집단감염은 2020년 12월까지 1만 명 이상의 양성 진단을 결과하고 있다. 한겨레신문(2020.12.28) 참조.

리 301만 마리 등이 매몰 살처분된 바 있다. 이 시기에 양계산업이 붕괴하면서 외국에서 수입한 달걀이 등장하기도 했다. 이후 2년 8개월 만에 다시 등장한 2020년의 AI는 야생 철새의 대규모 국내 도래와 국외 AI 확산까지 겹치면서, 12월까지 가금류 131만 마리를 매몰 살처분하는 사태를 빚고 있다. 전문가들은 산업형·단종형 유전형질을 가진 가축들에서 '면역 방화벽'이 사라진 것이 큰 문제라고 지적한다. 생명체의 면역력은 생물 다양성이 그 토대여서, 생물 다양성이 떨어지면 생태 회복력이 저하된다. 생태 회복력이 저하되면 가축의 면역력도 그만큼 낮아질 수밖에 없다(백혜숙, 2020).

AI의 창궐에는 다양한 외국 발 요인 말고, 비좁고 환기가 되지 않는 비닐하우스 오리 축사 등 국내적 요인이 중요하다는 견해도 있다. 한겨레신문(2020.12.28)에 의하면, 전국 오리 사육농가 중 76.3%가 비닐하우스형 가설 건축물을 이용하고 있다. 한국의 경우 인구 대비 오리의 사육 두수는 세계 14위를 차지하지만 면적 대비 사육 수가 세계 2위로서, 밀집형 사육 구조가 바이러스 감염의 취약성을 증폭시키고 있다. 닭의 경우에도, 마리당 A4용지 크기도 안 되는 협소한 공간에 24시간 갇혀 살게 하는 공장형 축산 방식이 산란계의 면역력을 떨어뜨린다고 지적된다. 가축 전염병을 줄이고 대량 살처분을 최소화하기 위해서는 가축들에게 필요충분한 공간과 적절한 사육 환경을 조성해야 한다는 동물복지 축산이 대안으로 제기되고 있다(백혜숙, 2020).

한국인의 애용 축산물인 돼지 역시 아프리카 돼지열병의 공포를 겪고 있다. 2019년 9월 경기 파주, 연천, 김포와 인천 강화 등에서 발생했던 아프리카 돼지열병은 한동안 잠잠하다가 2020년 10월 강원도 화천에서 감염된 멧돼지 폐사체가 2건 발견되면서 다시 모습을 드러냈다. 2020년 12월까지 야생 멧돼지에서 아프리카 돼지열병 바이러스가 검출된 수치는 경기 438건, 강원 446건 등에 이르고 있어, 특히 출입이 통제된 휴전선 접경지역(민통선 일대) 주민들은 '코로나보다 돼지 열병이 더 무섭다'는 반응을 나타내고 있다.

미생물군의 다양성과 새끼돼지의 건강성 간 상관관계를 고찰한 연구에 의하면, 무균질에 가까운 환경에서 자란 돼지새끼들보다 미생물군의 다양성이 높은 환경에서 자란 새끼돼지들이 훨씬 건강했다고 한다. 이유는 체내에 프로바이오틱스로 불리는 미생물이 풍부해, 병원성 미생물의 장내 침입에 대한 저항성이 컸기 때문이다. 코로나19라는 인간 감염병이 워낙 큰 이슈여서 조류나 돼지의 전염병에 신경 쓸 겨를이 없다고 치부하기도 어려운 형국이다. AI로 인한 먹거리의 불안은 해당 육류의 가격을 폭등시킬 뿐 아니라, 결국 인간의 건강에까지 영향을 미치고 있기 때문이다.

(2) 채식 위주의 식생활 대안

한승태(2018: 455-456)는 "당장 모두가 채식을 할 수 있는 것이 아니라면, 먹거리 생산에서 차지하는 비중이 낮고 생물학적으로든 문화적으로든 인간과 가까운 관계를 맺고 있는 동물부터 고기가 되는 운명에서 구제하자는 주장이 위선적이라는 비판을 받아야 할 이유는 없다. 우리가 이런저런 윤리나 논리에 대해 고민하는 이유는 모두에게 공평하게 잔인하기 위해서가 아니라, 우리가 야기하는 고통을 조금이라도 줄이기 위해서가 아닌가?"라고 묻고 있다.

그렇다면, 승인적 정의의 관점에서 공장식 축산에 반대하는 구체적 근거는 무엇일까? 하승수(2020ㄱ)는 현재 논의되는 그린 뉴딜에서 공장식 축산문제가 빠진 것은 잘못이라고 지적한다. 한국의 축산부문 온실가스 배출량은 가축의 장내 발효와 분뇨처리 과정에서 나오는 것만 반영되어, 대략 전체의 1.2%로 집계되고 있다. 그러나 여기에는 수입되는 소고기, 돼지고기, 닭고기 등의 생산, 운송과정에서 생기는 CO_2가 반영되어 있지 않다. 그리고 가축들에게 먹일 사료의 재배, 생산, 운반과정에서 나오는 온실가스는 축산 전체 CO_2 배출량의 41%를 차지한다고 한다. 따라서 온실가스 배출을 줄여 기후위기를 극복하는 것이 그린 뉴딜의 근본 취지라면, 육류 소비를 줄이고 채식 위주의 식생활을 하는 대안 마련이 시급하다는 것이다.

공장식 축산에 대한 반대는 열악한 환경에서 희생되는 가축을 위한 동물복지 차원에서뿐만 아니라, 기후위기를 타개하여 미래세대의 생존권을 지킨다는 의미에서도 승인적 정의와 관련된다. 일각에서는 육식이 건강에 미치는 해로움을 감안하여 고기를 먹는 사람에게 고기세(meat tax)를 물게 하자는 제안도 나오고 있다(한겨레신문, 2020ㄱ). 2018년 11월 영국 옥스퍼드대 연구진은 육류를 소비하는 고소득 국가에서 고기세를 내게 할 경우 1주일에 2인분 가량의 고기 소비가 감소하고, 심장질환, 뇌졸중, 당뇨병 등으로 인한 연간 사망자가 22만 명,

의료 관련 비용이 약 45조원 감소할 수 있으리라 전망했다.

채식은 과거에는 개인의 신념에서 출발하는 경향성이 있었으나, 최근 들어서는 젊은 층의 새로운 문화로 확산되고 있다(한겨레신문, 2020ㄱ). 2019년에 기후위기를 전 세계에 알린 스웨덴의 17살 환경운동가 툰베리가 비행기를 타지 않고 채식을 실천하는 것처럼, 동물과 환경을 착취하는 삶을 거부하는 '비거니즘'을 실천하는 이들이 늘고 있는 것이다. <상자 11>은 채식주의의 여덟 단계를 나타내는데, 채식주의 전문가들은 처음부터 완전한 채식에 도전하기보다는 채식의 사회적 의미를 이해하고 범위를 차츰 넓히는 방식을 권유하고 있다.

〈상자 11〉 채식주의의 8단계

1단계 플렉시테리언 : 불가피한 상황에서만 고기를 먹는 유연한 채식주의
2단계 폴로 베지테리언 : 소, 돼지 등 육류만 먹지 않음
3단계 페스코 베지테리언 : 육류, 가금류만 먹지 않음
4단계 락토오보 베지테리언 : 육류, 가금류와 함께 어패류도 먹지 않음
5단계 락토 베지테리언 : 육류, 가금류, 어패류에 이어 달걀도 먹지 않음
6단계 오보 베지테리언 : 우유, 치즈 등 유지류까지 먹지 않지만 달걀은 먹음
7단계 비건 : 채소와 해조류, 버섯류, 열매류(과일, 견과류, 곡물)만 먹음
8단계 프루테리언 : 열매류만 먹음

〈생각해 봅시다〉

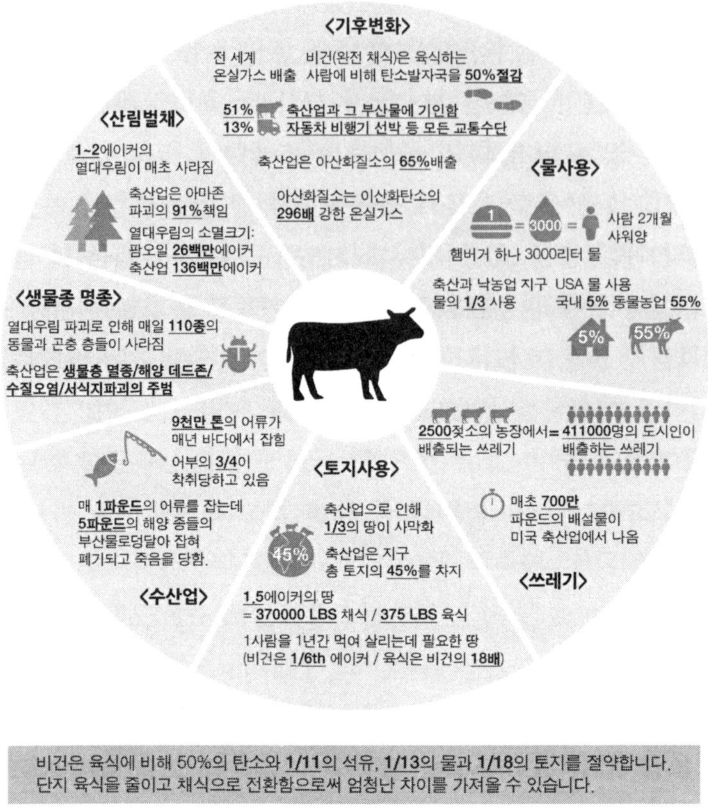

출처 : 채식평화연대.

1. 위 그림이 제기하는 한국 축산업 실태 가운데, 먹거리 안전의 확보를 위해 가장 시급하게 개선이 필요한 것은 무엇이라 생각하는가?

2. 로컬푸드가 수입 농산물보다 안전한 이유를 농산물의 생산과정, 유통과정 각각의 차원에서 생각해 보자.

|제7장|

결론

지금까지 이 책은 먹거리 안전의 문제가 SESs의 먹거리 정의 확보와 불가분의 관계임을 다루었다. 특히 코로나19의 창궐과 기후위기의 조건 속에서 인간의 건강은 동물, 식물 등 비인간 생태계의 웰빙과 연계되며, 기존의 SD 틀 아래서는 회복력 있는 먹거리 체계의 유지에 한계가 있음을 적시하고자 했다. UN이 주도하는 현 SDGs의 프레임워크는 경제, 사회, 환경 영역을 분리하면서, 경제성장과 인간 중심의 근대적 발전을 생태사회적 회복력만큼이나 중시하고 있기 때문이다.

진정한 먹거리 안전을 위한 대안적 전망은 인간의 사회경제적 활동이 동식물을 포함하는 생태계에 내포된 영역이라는 관점에서 출발한다. 따라서 인간과 동식물, 지구라는 먹거리 순환의 과정 속에서 다양한 스케일의 분배적, 절차적, 승인적 먹거리 정의를 진전시키는 것이 당면한 과제가 된다. 여기서는 결론적으로 먹거리 전환의 방향을 야생민주주의(Alexander, 2017), 원 헬스 푸드플랜(백혜숙, 2020)이라는 두 가지 담론 위주로 검토하도록 한다.

레인 등(Frayne et al., 2012: 1)은 현재의 도시전환이 기후변화, 빈곤과 먹거리 안전 사이의 관계를 중심으로 추진되어야 한다고 주장한다. 21세기 중반이 되면 지구에 20-30억 인구가 추가되며, 그 대부분이 지구 남반부 도시에서 발생할 것으로 예측되고 있다. 2008년 유엔의 식량농업기구(FAO)는 도시화 현상이 조만간 높은 실업률, 비공식 부문의 성장, 도시 하부구조의 질 저하, 과밀 및 환경악화라는 맥락에서 가구의 먹거리 불안에 심각한 도전장을 던지는 가장 강력한 사회적 힘이 될 것이라고 언급했다. 여기에서 핵심적 문제는 물, 토지 및 일자리 감소라는 조건 속에서 더 숫자가 많아진 시민들에게 영양가 있고 충분한 먹거리의 적절한 양을 어떻게 제공할 것인가에 놓여진다.

이런 상황 아래서 알렉산더(Alexander, 2017: 136)는 탈도시화와 영구경작(permaculture)의 대안을 기반으로, ‘야생민주주의(wild democracy)’의 가능성을 탐색한다. 미국의 철학자 듀이는 특유한 통찰력으로 “모든 세대는 스스로를 위한 민주주의를 다시 한 번 성취해야 한다”고 주장한 바 있다. 그의 논점은, 역사의 매 순간마다 사람들은 특수한 도전과 문제들에 불가피하게 직면하게 되므로, 과거로부터 전승된 민주적 제도와 관행이 오늘날의 조건에 적합하리라고 가정해서는 안 된다는 것이다. 이 주장에 따르면, 현재 직면하고 있는 정치적 도전은 모든 세대에 걸친 민주주의를 새롭게 ‘성취’하는 것이 된다.

하지만 사람들은 민주주의가 이미 성취된 영구불변한 것이라고 가정하는 경향이 강하다. 그렇다면 우리는 왜 민주주의를 재발명할 필요가 있을까?

듀이의 관점대로 알렉산더는 야생민주주의라는 새로운 정치적 지향과 실천의 개요를 제시한다. 생태계 파괴와 기후위기의 조건 아래서 야생민주주의는 권태로운 좌우 대립을 뛰어넘는 급진적이고 참여적인 생태정치를 제안한다. 바로 지금이 인간이 지구 생태계의 한계와 위험하게 충돌하는 지점임에도 불구하고, 부유한 선진국조차 기후변화 및 먹거리 위기의 근본 원인인 경제성장 패러다임을 확고히 견지하고 있다. 이러한 상황은 더 높은 수준의 풍요를 추구하는 소비자 문화에 부분적으로 의존하고 있지만, 그 심연에서는 정치적 의사결정에 비민주적 방식으로 영향을 미치면서 성장의 수레바퀴에 자본주의를 결합시키는 다양한 구조와 은폐된 이해관계가 발견된다.

정치적 스펙트럼에 상관없이 한국의 정당들은 의문의 여지없이 성장경제의 유지에 헌신하고 있다. '성장 물신주의'는 오늘날의 대의민주주의를 규정하며, 시장에 대한 개입이 불법이라고 가정하는 조잡한 자유주의에 의해 강화되고 있다. 이에 반해 야생민주주의는 대의민주주의의 정당정치가 아마도 예측가능한 미래에 희망과 구원을 주지 못하리라는 전제에서 출발한다. 야생민주주의는 비록 소규모 사례일지라도 탈자본주의의 생존양식을 창출하는 항의, 직접행동, 시민불복종 등의 전략들을 애용한다. 이런 작은 실천들이 매우 큰 과업인 '낡은 껍질 안에서의 새로운 세계의 구축'을 시작하는 기능을 하면서, 동시에 실제적 영감을 부여하는 교육 형태로도 자리잡을 수 있기 때문이다.

어떤 시대의 경제를 막론하고 어떻게 먹거리의 원천을 찾아 그것을 생산하는가는 인간 삶의 핵심적 쟁점이었다. 인류세 이래의 자본주의 먹거리 체계는 화석연료에 극단적으로 의존하는 산업적 농업기술이, 비옥한 복원에 수백 년이 걸릴 정도로 지표면에 심각한 침식을 야기해 왔다. 이에 따라 알렉산더의 야생민주주의는 탈탄소화를 지향하는 영구경작이나 생물집약적 원리에 기초하는 지방화된 유기농 체계에 의지할 필요가 있다. 이 지방적 유기농 생산의 시스템은 사람들의 소비습관을 철저하게 변동시킬 것이다. 먹거리는 세계의 다른 곳에서 계절과 상관없이 수입하기보다는 제철을 따라 섭취해야 마땅하다.

이번에는 야생민주주의가 먹거리 안전에 대해 갖는 함의를 구체화하기 위해서, 백혜숙(2020)이 제안한 인간, 동식물, 지구의 '원 헬스'와 연계한 푸드 플랜 구축 방안을 살펴보도록 하자. 알렉산더의 지방적 유기농 체계는 도시와 농촌이 공존하여 상생하는 순환경제를 지향한다. '원 헬스 푸드 플랜' 또한 이와 비슷한 맥락에서 다음과 같은 원칙들에 근거하고 있다.

첫째, 생태계의 종 및 유전적 다양성을 높이고 농민과 시민을 보호하는 생태적 순환농업을 적극 육성한다. 둘째, 동물과 식물이 건강한 생태계에서 자랄 수 있도록 동식물의 복지 환경을 조성한다. 셋째, 생태복지의 주체인 농민과 시민이 가깝게 교류하며 직거래할 수 있도록, 다양한 거래 제도에 의거하여 생산자와 소비자의 이익을 보호하는 유통구조로 재편한다.

넷째, 모든 정보 채널을 가동해 원 헬스를 기반으로 하는 생산-유통-소비의 가치 사슬을 데이터로 만들어, 농민과 시민들에게 지속적으로 제공해야 한다. 다섯째, 원 헬스 푸드 플랜 위원회 설치와 함께 농식품부, 보건복지부, 행정안전부 등이 협력하는 지역상생 정책을 수립함으로써, 원 헬스 푸드 플랜을 지원하는 사회적 경제의 활성화, 공동체 지원 농업(Community Supported Agriculture; 이하 CSA)의 제도화, 소비자운동 지원 등이 이루어지도록 한다.

이 가운데 CSA는 생활협동조합의 일환으로 소비자(공동체)가 농산물의 대가를 미리 지급하고 수확기에 농산물을 받는 시스템을 가리킨다. 여기에는 농산물 생산에 대해 소비자가 위험을 감수하는 공동 생산자로서의 철학이 포함되어 있는데, 앞서 6장 1절의 로컬푸드 사례로 제시한 제철꾸러미 사업이 대표적 사례로 포함된다. 2021년부터 서울특별시는 소비자 참여형 CSA 활성화를 추진할 예정인데, 이를 서울에 약 400개가 설치된 '마을부엌'과 연계한다면 시너지 효과가 더욱 커질 것으로 예상된다. 마을부엌은 결식 해결과 자활을 위한 보장형, 관계 형성과 조리법을 배우는 1인 가구형, 돌봄과 공동체 형성을 목적으로 하는 지역공동체형, 자율형, 사회적 기업형 등 5개 유형으로 구분된다. 이 공간은 지역주민들이 만나며 고립감을 해소할 수 있고, 먹거리 접근성이 강화되면서 결식 문제 해결과 식생활 개선은 물론, 우리 농산물의 활용도를 높이는 기능을 하고 있다.

이에 덧붙여 농업과 복지가 결합된 '케어 팜(Care Farm)'이 코로나19 시대에 더욱 주목을 받고 있다. 케어 팜은 '사회적 돌봄'을 '농장'에서 실현하는 치유농업의 복지 시스템이다. 네덜란드, 독일, 영국 등 유럽에는 치매노인, 발달장애인, (알콜) 중독자 등이 농작물을 가꾸거나 동물을 돌보면서 치유와 재활 서비스를 받을 수 있는 케어 팜이 3,000개가 넘는다. 이들 나라에서는 사회적 경제 조직이 케어 팜을 운영하는데, 케어 서비스 외에도 농산물 판매와 가공은 물론이고 레스토랑까지 운영하는 등, 새로운 방식의 생산과 유통구조를 갖춰 수익을 창출하고 마을에 생기를 불어넣고 있다.

또한 5장의 서구 사례에서 살폈던 도시텃밭은 '식욕과 사회적 상호작용'이라는 두 가지 기본 욕구를 동시에 채울 수 있는 공간이다. 코로나19가 장기화되면서 사회적 거리두기로 사람들의 모임이 어려워져도, 공동체 텃밭을 돌보는 당번을 정하고 그 장면을 SNS에 올리거나 온라인 화상회의 프로그램 등을 통해 교류하며 행복한 공동체를 유지해 갈 수 있다. 도시의 농업은 치유의 과정이자 공동체를 회복시키는 마중물 기능을 수행한다. 그렇기에 지역사회 통합 돌봄 프로그램에서도 대부분 텃밭 활동이 편성되어 있다.

참고문헌

[국내자료]

관계부처 합동, 「제3차 식생활교육 기본계획(2020-2024)」.

구도완, 2019, “한살림의 사회적 의미와 역할”, 「모심과 살림」, 13호, 108-119쪽.

김신양, 2016, “사회적 경제의 관점에서 본 한살림선언”, 「모심과 살림」, 7호, 47-61쪽.

김진호, 2020, “팩트체크, 모르고 먹는 미세플라스틱 얼마나 될까?”, 동아사이언스(http://science.donga.com).

김철규, 2020, 「음식과 사회」, 세창출판사.

김흥주 외, 2015, “먹거리복지와 공공급식”, 김흥주 외, 「한국의 먹거리와 농업」, 따비.

네이버 지식백과, “인류세”(http://terms.naver.com).

농림축산식품부 외, 2015, 「제2차 식생활교육 기본계획(2015-2019)」.

농림축산식품부. 식생활교육국민네트워크, 2012, 「식생활 교육백서」.

백혜숙, 2020, “원헬스와 푸드플랜: 개념과 전략”(http://www.welfarestate21.net/home/data3.php?mode=read&cat=3&start=0&search_str=&search_val=&mod_gno=2592).

산업경제리서치, 2018, “푸드테크 관련 비즈니스 전략 수립을 위한 종합분석”.

서울신문, 2015, “2015 대한민국 빈부 리포트”, 1월 27일자.

신유정, 2020, “사회적 기업에서의 ‘주인되기(ownership)’ 실천과 참여의 이데올로기”, 「경제와 사회」, 가을호, 제127호.

연합뉴스, 2020, “다가온 기후위기1: 농사 못 짓겠다, 한반도 덮친 기후위기”, 12월 11일자.

울산광역시 교육청 체육예술건강과, 2020. “울산교육청형 채식급식 활성화 추진 계획”.

윤병선, 2015, “한국의 대안 농식품 운동”, 김흥주 외, 「한국의 먹거리와 농업」, 따비.

이해진, 2019, “협동조합 먹거리체계의 지속가능성과 회복력: 한살림협동조합을 중심으로", 「농촌사회」, 29:2.
정진익, 2020, "4차 산업 혁명시대의 농업", 울산저널, 12월 23일자.
채식평화연대 카페, https://cafe.naver.com/vegpeace/6027.
하승수, 2020ㄱ, "검은 상복 입고 토종돼지 예산이와 홍성이 장례 치른 까닭", 한겨레신문, 9월 12일자.
하승수, 2020ㄴ, "정부 식량위기 핵심대책이 해외곡물 반입명령?", 한겨레신문, 9월 26일자.
한겨레신문, 2020ㄱ, "난 채밍아웃 1년차 왜냐고? '힙'하니까", 6월 17일자.
한겨레신문, 2020ㄴ, "코로나 시대 슬기로운 밥상, 버려지는 곡물로 차려요. 민금채 지구인컴퍼니 대표", 8월 1일자.
한살림 부산, 2018, "함께하는 세상, 함께하는 우리".
한상진, 2020, "탈성장 시대 '지속가능발전 목표'의 '정의로운 회복탄력성'으로의 전환", 「NGO 연구」, 15:1.
한상진 외, 2020, 「울산의 생태환경에 맞는 지속가능발전 목표(환경영역) 및 실천방안 수립에 관한 연구」, 울산녹색환경지원센터 최종보고서.
한승태, 2018, 「고기로 태어나서」, 시대의 창.
함께 사는 길, 2020, 「기후위기, 코로나19 시대의 건강한 식생활, 바른 먹거리」, 10월호.

[해외자료]

Alexander, S., 2017, *Wild Democracy*, Simplicity Institute.
Alkon, A. H. et al., 2017, *The New Food Activism: Opposition, Cooperation, and Collective Action,* University of California Press.
Anderson, M.D. 2015, "Ecological Threats to and from Food Systems" Neff, R.(ed.), *Introduction to the US Food System,* Jossey-Bass.
Asadi, S. et al.(eds.), 2020, *Food-Energy-Water Nexus Resilience and Sustainable Development,* Springer.
Benson, M.H. et al., 2017, *The End of Sustainability,* Univ. Press of Kansas.
Biggs et al.(eds.). 2015, *Principles for Building Resilience,* University of Cambridge Press.
Broad, G.M, 2016, *More than Just Food: Food Justice and Community Change,* University of California Press.
Chapin III, F. S. et al.(eds.), 2009, *Principles of Ecosystem Stewardship,* Springer.

Chard, S. et al., 2015, “Food, Culture and Society”, Neff, R.(ed.), *Introduction to the U.S. Food System,* Jossey-Bass.

Dryzek, J. et al., 2019, *The Politics of the Anthropocene,* University of Oxford Press.

Dupuis, E. M. et al., 2011, “Just Food?”, Alkon, A. H. et al.(eds.), *Cultivating Food Justice,* The MIT Press.

Frayne, B. et al.(eds.), 2012, *Climate Change, Assets and Food Security in Southern African Cities,* Routledge.

Fitzpatrick, T. 2014, *Climate Change and Poverty,* Polity.

Glowa, M. 2017, “Urban Agriculture, Food Justice and Neoliberal Urbanization”, Alkon, A. H. et al. 2017, *The New Food Activism: Opposition, Cooperation, and Collective Action,* University of California Press, pp.232-256.

Goodal, J. et al., 김은영 역, 2006, 「희망의 밥상」, 사이언스북스.

Gottlieb, R. et al., 2013, *Food Justice,* The MIT Press.

Hilton, M., 2008, “The Banality of Consumption”, Soper, K. et al.(eds), *The Citizenship and Consumption,* Palgrave Mcmillan, pp.87-103.

Lang, T. et al,, 2002, “Food, Social Policy and the Environment Towards a New Model”, Cahill, M. et al.(eds.), *Environmental Issues and Social Welfare, Blackwell,* pp.70-90.

Lumb, J. et al., 2014, *Climate, Food and Violence,* Quaker Institute for the Future. Phamplet 8.

Murphy, P. 2008, *Plan C,* New Society Publishers.

Naylor, R. L., 2009, “Managing Food Production Systems for Resilience”, Chapin III, F.S. et al.(eds.), *Principles of Ecosystem Stewardship, Springer,* pp.259-280.

Neff, R.(ed.), 2015, *Introduction to the US Food System,* Jossey-Bass.

Oppenlander, R., 2013, *Food Choice and Sustainability,* Langdon Street Press.

Palmer et al. 2015, “Community Food Security, Neff, R.(ed.), *Introduction to the US Food System,* Jossey-Bass, pp.135-158.

Rockefeller Foundation, 2015, "City Resilience Framework" (https://assets.rockefellerfoundation/app/uploads/20140410162455/City-Resilience–Framework-2015.pdf).

Saxer, S. R. and Rosenbloom, J.,(eds.), 2018, *Social-Ecological Resilience and Sustainability,* Wolters Kluwer.

Sbicca, J., 2018, *Food Justice Now: Defending the Roots of Social*

Struggle, University of Minnesota Press.

Walker et al., 고려대 오정에코리질리언스연구원 역, 2006, 「리질리언스 사고」, 지오북,

Ziervogel, G. 2009, "Climate Change and Food Security in Western Cape", Unpublished Paper.

Zitcer, A. 2017, "Collective Purchase", Alkon, A. H. et al., *The New Food Activism: Opposition, Cooperation, and Collective Action,* University of California Press, pp.181-205.

색인

(ㄱ)

감염병 / 5, 16, 23, 26, 48, 57, 104, 126, 183, 185

거버넌스 / 52~55, 73, 88, 133, 139, 142, 148, 149, 164, 179

경제발전 / 34, 42~46, 115, 116, 130, 138

경제성장 / 7, 27~29, 32, 46, 57, 189, 191

공장식 축산 / 165, 170, 177, 186

공적 영역 / 54

공동체 / 7, 8, 23, 40, 53, 54, 66~68, 79, 82, 92, 109, 113, 129, 136, 140, 141, 146, 155~157, 164, 168, 193, 194

공동체 지원 농업 / 193

공유 / 53, 54, 56, 67, 68, 124, 143, 149, 180, 182

공중보건 / 81, 105, 106

관개 / 74, 77, 79, 93, 98, 99, 101, 119, 124

권리집합 / 145

그린 뉴딜 / 19, 22, 25, 186

글로벌 전망 / 41

급변점 / 31

기근 / 59, 60, 154

기능주의 / 76

기아 / 59~62, 65, 76, 92, 95, 105, 106, 109, 110, 116, 133, 148, 153

기후변화 / 16, 19, 22, 29, 34~38, 40~42, 49, 50, 51, 55, 62~65, 73, 74, 81, 91, 99, 103, 111, 119~127, 131, 170, 176, 177, 190, 191

기후위기 / 3, 6, 7, 11, 16, 17, 19~23, 25~29, 36, 48, 51, 53, 57, 76, 97, 104, 117, 121, 126, 127, 131, 148, 176, 177, 186, 187, 189, 191, 195, 196

기후재난 / 5

꿈의 방어자 / 156

(ㄴ)

내포된 영역 / 43, 46, 47, 189

네트워크 / 29, 30, 55, 64, 65, 104, 178, 179, 181, 195

넥서스 / 76~78

녹색성장 / 25

녹색혁명 / 61, 119

농사 / 18, 19, 86, 115, 118, 140, 141, 166, 168, 195

농업 / 7, 11, 17, 18, 24, 26, 32, 39, 55~57, 60, 62~64, 72, 74, 76, 78, 79, 85~88, 90, 91, 94, 97, 99~103, 105, 107, 110, 112~115, 117, 119~121, 123~126, 135, 138, 140, 141, 145, 148~155, 164~167, 179, 180, 190, 192~196

(ㄷ)
다목적-지속수확 / 41
대의민주주의 / 133, 191
도시농업 / 140, 141, 145, 148, 164~166
도시텃밭 / 56, 139, 141, 142~144, 165, 194
도시 회복력 틀 / 52, 54

(ㄹ)
라 메사 베르데 / 146, 147
로컬푸드 / 7, 115, 117, 135, 145, 163~166, 188, 193
록펠러재단 / 52, 54
리프레이밍 / 50

(ㅁ)
마을부엌 / 25, 180, 193
만찬의 날 / 156
먹거리 가용성 / 61, 109, 110, 126
먹거리 불안 / 3, 5, 23, 56, 62, 81, 82, 97, 100, 103~106, 114, 118, 127, 131, 153, 158~161, 165, 190
먹거리 사막 / 130
먹거리 생산체계 / 92, 93, 111~113, 117, 152, 154
먹거리 안전 / 3~7, 11, 26, 27, 48, 56, 57, 73, 74, 76, 81~83, 95, 130~109, 111, 113~119, 124~126, 129, 132, 147~179, 151, 158, 159, 179, 188~190
먹거리 안정성 / 110, 117
먹거리 양극화 / 162, 81, 82, 110, 162, 179, 193
먹거리 접근성 / 81, 82, 110, 162, 179, 193
먹거리 정의 / 4~6, , 95, 97, 117, 118, 129~135, 139~141, 143, 144, 147, 150, 155, 156, 158, 159, 163, 164, 168, 180, 181, 183, 189
먹거리 정의운동 / 129, 131, 141, 143, 144, 150, 155, 156, 168
먹거리 체계 / 4, 6, 55, 59, 62, 65, 66, 70, 72~76, 78~82, 86, 88, 91, 92, 97, 99, 100, 103~106, 109, 114~118, 120, 121, 124, 129~132, 148, 149, 155, 156, 164, 189, 192
먹거리 활용 / 110
명백한 운명 / 40
물 / 16~18, 29, 32, 35, 61, 63~65, 70, 74, 76~78, 81, 90~92, 95,

99~103, 111, 113, 117, 119, 124, 154, 190
미래대체식품 / 85, 57
미세 플라스틱 / 159, 161
민관 파트너십 / 175

(ㅂ)
보건체계 / 100
분배 / 5, 6, 24, 64, 65, 72, 74, 103, 109, 112, 132~137, 139, 140, 142~144, 150, 158, 163~166, 180, 181, 189
분배 및 판매 / 115
불평등 / 29, 62, 76, 106, 117, 119, 129, 130, 132, 139, 140, 155, 156, 162, 164
비인간 / 26, 78, 88, 105, 132, 150, 189
빈곤 / 3, 29, 46, 47, 56, 60~62, 81, 82, 93, 95, 110, 114, 116, 119, 121, 124~126, 131, 153, 154, 163, 190

(ㅅ)
사회복지 / 43, 44, 109
사회적 경제 / 7, 56, 130~132, 136, 137, 164, 166, 193, 194, 195
사회적 연대 / 181
4차 산업혁명 / 4, 5, 25, 26, 56, 83, 87
산업적 축산 / 11, 150~152
산업주의 / 119
살충제 / 61, 97, 99, 101, 102, 107
생명체 / 3, 4, 7, 34, 63, 84, 98, 105, 123, 132, 184
생물연료 / 150, 152~154
생산성 / 59, 60, 65, 90, 98, 99, 113, 114, 121, 124
생태계 / 3~6, 15, 25, 27, 30, 31, 33, 34, 36, 42, 44, 46, 48, 49, 50~52, 54~57, 78, 79, 85, 88, 92, 93, 95, 97, 98, 100, 111, 113, 126, 127, 136, 150, 152, 154, 162, 163, 179, 189, 191, 192
생태계 서비스 / 52, 54, 92, 93, 98, 102, 111, 122
생태사회적 전환 / 4
생태사회학 / 5
생활협동조합 / 132, 135, 136~139, 156, 164, 166, 168, 160~182, 193
세 개의 기둥 / 42~44, 46, 76
세계 위험사회 / 104
소비 / 5, 6, 18, 19, 21, 22, 29, 30, 32, 33, 37, 39, 41, 55, 61, 65, 66, 67, 70, 72, 76, 78, 79, 83, 88, 93, 101, 103, 109, 111, 112, 115, 116, 119, 122, 125, 129, 131, 132, 135, 140, 149, 151, 153, 156, 163, 165, 166, 170, 181, 182, 186, 192, 193
소유권 모델 / 145~147

수질 / 76, 77, 92, 100, 102, 111
숙의, 숙의적 / 6, 133, 144, 148, 164, 168
스마트 먹거리, 스마트 음식 / 83, 86
스케일 / 41, 55, 73, 111, 116, 135, 152, 180, 189
슬로우푸드 / 133~135
승인 / 5, 6, 132, 144, 150, 152, 158, 164, 183, 186, 189
시스템 / 4, 6, 28~33, 35, 36, 41~47, 49, 50, 52, 53, 55, 63, 64, 72~74, 78, 79, 86, 90, 91, 93, 94, 99, 104, 106, 107, 112, 113, 115, 116~118, 125, 137, 140, 151, 168, 180, 192~194
시장 / 4, 6, 13, 18, 27, 28, 57, 63, 87~93, 103, 104, 110, 112, 113, 126, 31, 132, 35, 36, 138~142, 144, 151~154, 161, 164, 168, 180~183, 191
식구 / 4, 8
식량증산 / 5
식생활네트워크 / 149
식품첨가물 / 159, 160
식약처 / 107
신자유주의 / 28, 129, 139, 140, 142, 146, 166
쓰레기 / 34, 74, 84, 115, 161
씨앗 / 72, 79, 159

(ㅇ)
아프리카 돼지열병 / 87, 97, 127, 183~185
야생 / 16, 17, 21, 57, 102, 108, 109, 112, 119, 154, 184, 185
야생민주주의 / 190~192
언니네 텃밭 / 165
에이전시 / 51
엥겔법칙 / 153
영구경작 / 190, 192
영양 / 18, 24, 60~63, 69~71, 74, 79, 86, 90, 93, 98, 101~103, 105~108, 110, 113, 115~117, 120, 122, 135, 148, 150, 151, 154, 157, 162, 163, 169, 171, 176~178
오너파트너십 / 182, 183
온난화 / 7, 35~37, 123, 126, 176
옴니 채널 / 83, 85
우리 공동의 미래 / 38
원헬스와 푸드플랜 / 195
웰빙 / 3, 65, 79, 81, 104, 105, 130, 163, 189
웰빙 디바이드 / 163
유전 다양성 / 102
유전자변형 작물 / 159
의례 / 66, 68, 69
인 / 81, 122
인류세 / 4, 5, 27, 29, 32, 36, 37, 42, 48, 50, 59
일자리 / 116, 181, 190
임계질량 / 116

임계점 / 52, 89, 90, 91, 98, 99
임파워먼트 / 116, 131, 149

(ㅈ)
자본주의 / 28, 37, 57, 104, 105, 112, 119, 129, 137, 138, 145, 146, 156, 191, 192
자원 소비 / 41
자유주의 / 138, 139, 145, 191
저성장 / 27, 36
정상상태 / 35, 37
정의로운 전환 / 156
정크 푸드 / 163
절차 / 5, 53, 132, 144~146, 168
정보통신기술 / 82
정체성 / 66~69
젠더 / 71
조류 인플루엔자, AI / 97, 127, 159, 183~185
종교 / 79, 175
종자 / 61, 63, 76, 100, 119, 120
좋은 먹거리 / 80, 118, 120, 129
중독 / 105
중첩된 원 / 43, 44~46
지역사회 / 4, 50, 51, 53, 55, 71, 74, 80, 100, 103~106, 114~117, 126, 129~131, 135, 137~140, 147~149, 151, 155, 165, 194
지구위험 한계 / 30~32, 34
지방자치단체, 지자체 / 6, 7, 28, 53, 54, 140~149, 168, 179
지속가능성 / 8, 28, 35~42, 44, 46, 48, 89, 90, 195
지속가능발전 / 5, 27, 28, 42, 43
지속가능발전 목표 / 7, 27, 57, 196
지속가능한 먹거리 / 5, 48, 95, 104
질소 / 91, 99, 122, 123

(ㅊ)
채식 / 7, 19, 22, 84, 95, 169, 170~178, 185~187
채식급식 / 148, 169, 171, 173~178, 185
채식평화연대 / 169, 170, 176, 177, 188, 196
처리율 / 79
청정수 / 101, 102, 111, 121
취약성 / 81, 110, 118, 121, 124, 184
치폴레 / 105, 106

(ㅋ)
커먼즈 / 54, 143, 160
케어 팜 / 193, 194
코로나19 / 4, 5, 8, 11, 15~17, 23~27, 83, 84, 87, 126, 127, 162, 183, 185, 189, 193, 194, 196

(ㅍ)
파나키 / 49, 50
파머스 마켓 / 74, 116, 129, 156

푸드 테크 / 82, 83, 85, 57, 95
프레이밍 / 51, 129
피드백 / 52, 53, 73, 92, 125

(ㅌ)
탈성장 / 4, 7, 27, 36, 57, 196
텃밭 가꾸기, 텃밭경작 / 132, 140~144, 146, 147
토양, 토지 / 60, 61, 63, 72, 74, 78, 79, 81, 90~93, 98, 100~103, 107, 111, 113~115, 122, 124, 125, 131, 132, 141~143, 145~147, 150, 151, 154, 156, 190
트릭스터 / 48~51

(ㅎ)
한살림생협 / 166~168
협치 / 27, 38, 50, 133
환경 재앙 / 41
환경정의 / 118, 131, 132, 158
환경 쾌적성 / 42
회복력 / 3, 4, 6~8, 27, 28, 48~57, 62, 88~95, 99, 103, 104, 111, 121, 124, 132, 150, 152, 154, 162, 168, 184, 189, 195
효율, 효율성 / 32, 79, 85, 86, 88, 89, 91, 92, 99, 108, 113, 117, 151, 154

(기타)
3D 푸드 프린터 / 84, 86